大展好書 好書大展

秘傳占卜系列 7

法國式血型學

淺野八郎／著
李玉瓊 ／譯

大展出版社有限公司

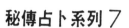

『秘傳・占卜系列』發行感言

有人說占卜師是人生的領航員。

在人的一生之中，有時再怎麼樣地努力，也有無法隨心所欲的時候，再如何地希望得到幸福，也可能會遭遇意外的不幸。在現代的社會中，占卜之所以如此地吸引人心，受到衆人的關心，原因即在於此。

可能因為遇到一位出乎意料之外的人，而使自己的一生完全改變，可能偶然中得到幸運，也可能遭遇不幸。能夠回答這種想要預知偶然的人之願望的，即是占卜。

不論是東洋或西洋，兩千年來，占卜一直受到衆人的關心。而預知各種運的「術」，也不斷地在研究中。這兒所介紹的各種占卜，是這些「術」中最值得信賴，也是最讓人感到親切的占卜。

如果本系列能夠發揮領航員的作用，而讀者們能將其當成是創造幸福的指南，則是作者最高的喜悅。

淺野八郎

表現天生的特質、血型是占卜自己和他人的根本——代序

血型似乎已經成為瞭解個人的重要線索。因為，各大報章雜誌所刋載的「明星的另一面」之類的記事中除了出生地、學歷等介紹外還特別標記血型。的確，只要問出對方的血型即可立即做性格診斷，它可以說是最簡便的占卜法。

事實上，人的性格無法一言以蔽之。所謂「Case by Case」人的感情有微妙的變化，根據對象的不同可能表現溫和的態度或變得氣勢凌人。

但是，從這些微妙的性格變化中也可看出幾個傾向。這些傾向可歸納為「類型」。藉由性格的類型化可以大致掌握其傾向。

法國心理學家果克蘭博士曾說：「血型可當做是以心理學為根據的占卜。」其實血型也可以說是把人類以各種類型做分類的「類型學」。

類型學原本是以體格、人相、手相、筆跡等為判斷基準。但是，最近血型也被認同為類型學之一，做為判斷的材料。

在法國出版的『自己測驗自己』的作者G・安德雷亞尼針對血型做以下的論述。

「它是瞭解個人天生具有的氣質之重要線索，也許可稱為生物學的心理學時代將要來臨了。」

對感情的表現或人際關係的態度很容易受天生的素質所影響。從這一點看來血型的確可以瞭解愛情或人際關係。血型和天生氣質的關係應該會發展為今後最新的氣質研究的主題。

藉由瞭解各種血型的特徵，不但可以更深入地認識自己，也能建立和周遭者更完善的人際關係。

序●何謂法國式血型診斷

第一章●各種血型的戀愛模式

第二章●爲了建立更好的男女關係

第三章●利用星座、臉型判斷法深入瞭解性格

第四章●與不投緣者相處的智慧

第五章●適合與不適合的工作

〈附表〉血型的神秘

序

何謂法國式血型診斷

A、O、B、AB……四種血型的神奇

目前，血型已成為最普遍、人人耳熟能詳的性格判斷法。

血型是在一九〇一年被發現。德國的醫學者藍特修塔納首先發表人的血液有三種類型，接著在一九一一年德溫格魯、希魯修佛爾特兩位醫學者發現了目前廣為人知的A、B、O、AB等四種血型。

此後除了人類學、遺傳學的立場之外，從各種角度對血型的研究陸續地展開。

由於血型是天生具有且從不改變，因而「血型不同所表現的性格也不一樣」的觀念，主導血型與性格的研究發展。

日本在一九三二年，目前筑波大學的前東京女高師教育心理學教授古川竹二先生，嘗試將血型運用在軍隊的適性調查上。

當時，根據一二二八人的血型（女學生和騎兵隊的軍人等）進行性格分析。

歐洲開始注意血型與性格之間關連的是法國醫師、心理學家雷恩・布魯德爾。

他在一九六〇年（死前六年），發表以往自創的血型性格分析的結果，做成一本書名爲『血型和氣質』。其中調查了二五〇〇人的血型並和心理學家J・傑尼貝共同進行性格測驗。這發表是以「得知血型立即能瞭解對方性格！」爲號召而獲得極大的回響。

不久，布魯德爾的血型判斷被利用在職業適性的測驗，成爲職場、企業間的話題。但是，布魯德爾尚未徹底地追究何以血型可以傳達人的性格，即離開人間。

根據法國心理學家布魯德爾的血型性格判斷，做多角研究發展的是果克蘭博士。

果克蘭博士是法國的心理學家，也是嘗試在占星術、手相或人相上進行心理學分析的獨特學者，他在『認識他人』的著作中介紹布魯德爾的血型性格判斷。同時指稱：「血型今後必定成爲瞭解人類性格，而受人矚目的新式判斷法之一。」此後有許多學者在性格測驗中採納血型的判斷。

血型所做的性格判斷

從發現人的性格或個性的觀點而言，血型和其他的測驗法有何不同呢？

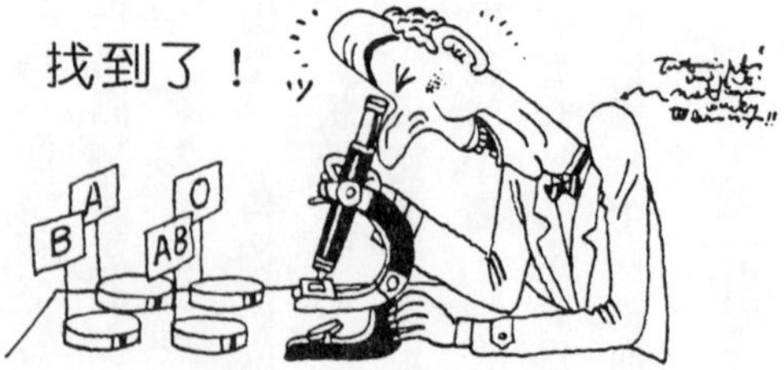

心理學上爲了理解人心的奧妙，考察出各式各樣的方法，而測驗法有許多分類。諸如記憶測驗、精神測驗、智能測驗、性格測驗、人格測驗等。

但是，血型的性格診斷並不符合其中一個類型。因此，即使從心理學的立場來證實血型與性格之間的關連，以往的心理測驗的技法尚無法做充分的判斷。而試圖將心理學的技法所分類的性格，對照血型所做的性格分類也不適切。因爲，根本上它們是不同的性質。

若要使血型的性格研究成爲獲得社會大衆認可的學問，尚待各個分野的調查研究吧！

不過，在此希望讀者們聽一聽以往所談論的血型之傾向。

日本人的典型？追究A型人的奧妙

日本人的血型中A型占首位，約有36％的人是A型。血型依民族的不同也有偏差性，譬如，根據布魯德爾的調查，法國人有43％是A型。

而根據人類學者歐田貝爾格的調查，歐洲系的人A型居多，德國、非洲則較少，只有19％～24％。

以日本爲例，東日本的A型者比西日本爲多。

布魯德爾利用音樂用語將A型命名爲「口琴型（調和型性格）」。這種人小心謹慎，在團體中表現自我時會留意較爲纖細的部份，極爲敏感討厭重大的變化。

生活類型屬於保守派，重視自己的模式，似乎很難改變既有的觀念。雖然外表顯得忠厚老實，卻具有強烈的自我顯示慾，性格上摻雜有溫和與強硬的兩面。在自己滿意的環境內會表現非常相當好的協調性，但處於與自己的觀念不符或不滿意的環境下時，會有強烈的不快感。

A型性格的本質？

A型的特質是「火」的氣質。換言之，具有燃燒的熱情，會以自己的方式讓對方遷就且相當頑固。如果事情無法順遂己意時，會畏縮或逃避，表現孤獨的生活方式。

A型外表看起來非常通情達理，對待上司、長輩極爲柔順。但是，這並非誠心地尊敬對方，而多半是對於認可自己的上司或長輩所表現的演技。

另一方面，對待比自己年幼者、部屬或後進，在人際往來上顯得有些挑剔、囉嗦。而A型人根據性格的開朗、社交性等又可分爲強硬型和溫和型。強硬型是鮮少展露笑容的沉默寡言型。溫和型則是開朗、在人前經常露出笑容的開放性格。

雖然浮躁卻開朗 追究O型人的秘密

僅次於A型居第二位的是O型。日本人有31％是O型人。而法國人O型的出現率佔

43%和A型的比率相差無幾。根據歐田貝魯格的調查，O型在歐洲系中佔39～40%、在太平洋、非洲系佔67%，顯示相當高的數值。

O型者較多的職場比A型者的職場顯得生氣蓬勃、充滿著開朗的氣息。

布魯德爾將O型命名為「旋律型性格」。具有社交性，對事物的判斷樂觀、敏感地掌握流行。不論處於任何環境都能表現適切的順應力。O型具有「風」的要素，彷彿在風中搖擺的氣球一樣不踏實，然而多半是懂得生活要領的人。

有O型人在身邊令人感到愉快，即使心有不悅也不禁愁眉舒展。同時，對事物總抱著樂觀的態度，不會因不快的事感到悶悶不樂或擺出愁眉苦臉的表情，這種人是可以廣範交友的人。

和O型人交往時，最重要的是謹記以海涵的心胸寬恕他的過失。情緒好的時候一切都順利，不過，碰到不悅的事情可能會鬧彆扭。情緒的起伏較大，常不明究理地陷入消沉或反之活蹦亂跳。不過，吵架後是較容易重修舊好的人，即使有嚴重的爭吵也不會有太大的牽掛。

這種人只要瞭解其性格，是很容易交往的類型。

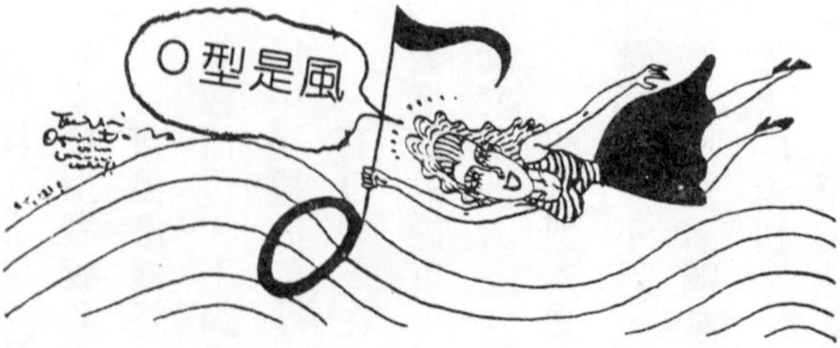

情緒起伏不定的O型本質是？

這種人非常單純，充滿著新鮮的魅力。而且，個性率直處事坦蕩，不會拘泥小節，似乎有多數人帶著少年的純眞氣息。

本質上是樂天派，具有往積極、開朗的一面看待事物的傾向。即使是衆人所放棄的事也有積極參與的勇氣。令旁人感到愉快的形象使許多人想和這樣的人交談結成朋友。不過，從另一個角度而言，也有八面玲瓏的一面。

如果開朗的形象會有負面的影響，原因可能是和旁人的性格出入太大，或周遭的形象和自己不合。因而可能在旁人眼中是「神經遲頓的人」。譬如，當大家心情沉重的時候，唯獨O型人顯得心花怒放。O型人必須理解旁人的感受配合當場的氣氛。

積極而踏實
追究B型人的謎團

因民族的不同而出現率有明顯的差別的，是B型。譬如，日本人佔22%、法國人佔11%。根據人類學方面的調查，B型以印度、舊滿州系爲最多，高達38%。而歐洲系約只12%是B型。

A型和B型比較時會出現明顯的性格差異。布魯德爾將B型稱爲「規律型性格」。表現強烈灌輸自我觀念的積極性，在外交方面喜歡變化，隨時追求嶄新的事物，討厭束縛在窠臼內。

A型和B型在感情表現上有明顯的差異。行動模式、喜怒哀樂的表現法也出入甚多。B型的感情表現大膽，難以控制情緒，外交性格的B型可以說是在團體中引人注目的存在。

這種類型應該可以獲得上司或同事的信任，其工作態度、交際

手腕會提高其信賴感。而意外的是，這種人的禮儀端正、態度謹慎，也許和年齡相較起來顯得老成。遵守公司的紀律、確實地實行所接獲的命令的處世原則，會提高年長者、上司的信賴感。

和B型人相處得宜之法

和這種人相處時會令人感到活潑，具有行動力。行動比思考來得快速而敏捷。當覺得迷惘時B型人多半會獨攬重責，立下判斷。應該有許多人以這種人爲依靠。最討厭徬徨迷惘、磨磨蹭蹭，而且喜好四處活動，不願意靜待守候。

與這種人相處如果過於標榜自己或行動任性，會遭受猛烈的反擊。生性好強不服輸，如果凡事不順遂己意則誓不甘休。

渴望成爲團體中的中心人物、人緣者，會拼命地表現最好的一面。自尊心高，只要稍微受挫會動怒。當然討厭受他人命令，同時也不喜歡被勸告或指責缺點。

但是，對於有困難或有心事的人，會表現出更親切的態度。最討厭的是「口蜜腹劍」的人。最看不慣對長上奉承或在上司的面前表現認眞態度的人。

性格複雜的人
追究AB型人的内心深處

四種血型中最少的是AB型。日本人AB型的出現率是9％、法國人是3％，數值都非常低。

根據人類學者的調查，中國人似乎有較多的AB型。

這一點和手掌呈一條水平線切開的手相，亦即佛像中常見的「平斗型」的手相出現率非常相似。「平斗型」在西洋人中少見，而日本或中國卻常見這樣的手相。

因此，在手相占卜上被認爲是「亞洲型的類型」。

至於血型中的AB型在亞洲人、黑人中常見，歐洲系則少見。以日本爲例，西日本以平斗型手相爲多，AB型也以西日本居多。

AB型是獨特的存在

AB型人的性格非常獨特，布魯德爾將AB型稱爲「複雜型性格」。容易猜疑又一絲不苟，然而在決斷時耗費時間，常有磨磨蹭蹭、徬徨不前的時候。雖然具有A型的特徵又表現B型的傾向。

有時似乎也難以掌握自己的性格，不過，在目前的電腦時代、情報時代中，AB型相當活躍，多半是在時代的尖端發揮才力的人。

以AB型爲對象做心理測驗時，發覺其特徵不明顯，沒有清楚的傾向。AB型人似乎很難掌握其特徵。

1

各種血型的戀愛模式

A型的戀愛模式

♥平凡之戀是A型的宿命

愼重派的A型不敢做貿然的涉險。害怕行爲舉止超越日常的規範。因此，A型人的戀愛多半是平凡之戀。以通俗的手法被追求會感到放心。

對A型人而言，一、兩次的約會僅止於朋友之交，如果被當成情人對待，會認爲對方是「厚顏無恥」。

不擅長傳達男女間露骨的性愛關係。

有些人和異性認識後隨即問對方電話號碼，並展開追求，邀請下次的約會，而A型人會基於反正是朋友先見面再溝通而答應約會。

這時，對方若表現端正的品性，在不傷害A型人的原則下表示親近，會令其倍增喜悅。

首次的約會如果被對方帶到過於熱鬧的地方，會覺得自己可能被輕視，或對方一開始即表現另有居心的態度時，會表示抗拒。

A型人警戒心強，懂得保護自己。如果是下班的途中偶然與異性碰頭，而對方邀約何不一起去喝茶？這樣的方式反而會令A型人心動。

在用餐方面，喜歡一道道地出菜的全餐料理。

談戀愛也喜歡循規蹈矩。譬如，在背景或道具尚未齊整時，絕不允許交吻。如果異性邀約上賓館，除非有其他的名目，否則不會隨行。

A型人喜歡依照計劃的生活方式，討厭既定的行程變更。如果約會突然因男方的不便而變更時，會使原本期待與男友見面的愉快心情不知如何自處，而胡思亂想以爲難道對方有比和自己約會更愉快的事嗎。

當這種情況再三累積時，會對對方心生厭倦。

A型女性在意他人的耳目，因而對於聚衆喧譁並不引以爲樂。既無法開灑脫的玩笑，也會擔心在卡拉OK裡被迫唱歌。

對於這樣的自己感到厭惡，並煩惱或認定自己是無聊的女人，這種現象乃是A型的特徵。

♥A型女性對知性男性感興趣

A型女性喜歡值得尊敬的男性。憧憬富有知性的男性。甚至認爲和富有知性又值得尊敬的男人上床也無妨。

自尊心高的A型，對於嫉妒的自己感到難以忍受而厭惡。因此，爲了不願意成爲悲慘的下場，而有放棄將注意力集中在自己以外女性身上的傾向。

對流行品味極端挑剔的A型，獲得禮物時如果認爲格調太差，會造成反效果。如果興趣相投，會因爲對方瞭解自己而感到欣慰。因此，禮物本身並不重要。

O型的戀愛模式

♥O型最喜歡肌膚之親

O型的女性對於約會喜歡有定期性，譬如「每週星期五」或每隔十天。因爲，事先決定可以將約會編入自己生活的規律中。

喜好大自然的O型人認爲在綠樹、綠地包圍下的公園，是最佳的約會場所。比起到處是水泥牆的都市，更喜歡山、海等的自然。與其在咖啡聽互訴衷情的約會，毋寧在海邊散步。

同時，喜歡個性化的事物，即使只是喝茶也會挑選富有創意的商店。以渴望掌握領導權的O型人而言，盡可能選擇自己喜好的商店，決定特別的菜單。容易成爲團體內主腦人物的O型人，和朋友聚集在一起時往往只談論自己的事。即使和男友獨處也一樣。

O型人非常喜歡肌膚之親。和男友一起逛街時會勾肩搭背或攜手同行。

但是，這是在陌生人之間所表現的行止。如果是一群彼此親密的同伴聚集之處，反而會採取漠視對方存在的態度。

因爲對O型人而言，同伴之間的和氣最重要。而且，渴望在自己的同伴面前表現好的一面，而不願意讓人瞧見和情侶如膠似漆的模樣。

♥個性開放又浪漫的O型

O型人討厭答應二、三次約會後，即被認爲是「情人」。

「上一次在地下室的咖啡廳喝茶吧，那個人是誰？公司的人嗎？」這類問題聽在O型人耳裡最難以忍受。

O型人認爲和誰喝茶乃是自己的事，別人管不著，難道必須一一向他人報告嗎？因而面對這樣的問題會蹙起眉頭。開放型的O型人擅長和異性交往，並不在乎戀愛與否。雖然男人與女人之間難以產生友情，而O型人似乎辨得到。

O型人喜歡禮物的贈與。如果有人記得自己的生日而送禮，會感到高興。不論接受何種禮物都會誇張地表現喜悅，如果再加上一點浪漫的演出會使其感動萬分。

既非生日也不是聖誕節或情人節，卻在平常的日子接獲男友的贈禮，並聽對方說：「今天是我們第一次認識的日子，你記得嗎？剛好是一年前的今天。」這個演出一定會打動O型人的心。

B型的戀愛模式

♥B型人害怕孤獨因而喜歡溫和的人

越開朗的人越難以忍受「獨處」的寂寞。如果沒有人在旁似乎無法活下去的，就是B型人。

難耐寂寞、渴望他人理睬的B型，非常喜歡講電話。不論打給人或接電話，喜歡在自己方便的時候講。

個性直率的B型渴望每天和情人約會，而約會回家後會立即打電話。這時如果男友告知：「我隨時在妳身邊。」一定會心生感動。

B型女性對於利用僅有的一點時間見面、一起喝咖啡，或無暇約會而打電話給自己的人，會因其關照的熱情而臣服。

B型人具有社交性，即使是初次見面的人也談得投機。同時，並不在意對方是否對該話題有無興趣。

總而言之，對自己感興趣的話題談得起勁。可以連談數個鐘頭。

如果所談論的話題並不有趣或開的玩笑、詼諧話並不精采，也會笑著傾聽的男性最令B型女性喜歡。

♥雖然撒嬌卻擁有自己格調的B型

如果是討厭的人即使受對方邀約，也會斷然地拒絕的，是B型女性。

對於邀約自己卻從不握手的男性，會覺得是無聊男子。因爲，B型女性會判斷對方只把自己當成普通朋友。

以其他血型的女性而言，會認爲「到房間拜訪的男性別有用心」或「顯得可惡」，唯獨B型女性並不做如此解釋。

B型對於只要是對自己有好感的男性，即使是不速之客也表示歡迎。

但是，如果對方對自己房間的擺設或裝潢多所指責時，會勃然大怒。

因爲，即使整理上顯得雜亂，但B型對於自己滿意的整理方式感到滿足。

B型女性不喜歡在他人前表現嬌態或被撒嬌。個性害羞腆靦爲在人前做出如膠似漆的模樣。

但是，如果是二人獨處時，對於對方任何的撒嬌法都會允許吧。

AB型的戀愛模式

♥AB型的戀愛是冷靜而理性

AB型很容易配合對方的模式，也許是最佳的聽衆。

但是，富於理性最討厭說謊。同時，帶有批判精神的AB型也討厭老王賣瓜的自吹自擂。他們認爲這種吹噓是一派胡言，難以聽從。倒是喜歡無所不談的聊天。

AB型的最大特徵是不喜歡肌膚之親。

這和避人耳目不同，不論是二人獨處或在他人之前都一樣。在生理上討厭裸露如膠似漆的感情。

AB型甚至有想要迴避被說「我愛你」的傾向。同時也不喜歡向他人示弱、撒嬌或被撒嬌。

因爲，AB型人認爲撒嬌乃是動物本能的表現，而這種動物本能令人噁心。

AB型的人對於即使是親密的人以想聽聲音爲由，打電話的舉止不知如何以對。正因爲如此，不知道該如何面對他人輕聲細語的「我愛你」。

AB型對隱私非常敏感，不會輕易讓人瞧見自己的殿堂。對格調相當挑剔，因而對自己的房間也以一種美學來整理。而且，對於所創造的氣氛具有自信。因此，若非以心相許的人絕不讓其瞧見自己的殿堂。

其特徵是與其和情人黏膩在一起的一對一交往，毋寧喜好志趣相投的同伴數人一起聊天。

AB型是懂得配合當場氣氛適切的往來的社交家，如果在場有男友的朋友，也能夠和他人打成一片。

如果男友欣賞自己所交往的朋友，會感到欣喜萬分。朋友讚揚自己的男友俊俏、優秀時也會感到得意。

這表示雙方都被認爲眼光不錯。

♥喜歡在格調好的餐廳約會

AB型是以冷靜的態度觀看自己而常見格調高雅的人，這是AB型的特徵。在穿著打扮上並非穿著喜歡的衣物，而是穿著適合自己的服飾。

約會時如果選擇在格調高雅的餐廳，會比其他血型的人更爲高興。雖然所表現的態度極爲冷靜，然而內心深處一定欣喜萬分。

如果在過於擁擠的商店或在人潮中，會分神而不悅。

AB型對任何事都重視自己的感覺。

雖然並不討厭被送禮，然而卻喜歡當贈禮者。自己本身對品味具有自信，同時渴望將與自己興趣搭配的事物穿戴在身上或放置在周遭。

但是，AB型也懂得配合對方的步調，因而接受禮物時，即使並不滿意也會佯裝喜悅。

AB型最喜歡別人拜託自己最擅長的事情，又無法拒絕他人的請求，因此在經歷各種辛苦之後，仍然無法辦到時，會消沉地以爲自己是不中用的人。而且，不願意在他人面前表現消沉的面貌。

如果他人央求自己所擅長的事物會特別高興。同時，也喜歡被詢問能發揮自己的客觀性、合理性的井然思路。

其建議如果獲得對方欣然的接納而以邀約回禮時，多半會對於幫助他人感到喜悅而坦率地應約。

血型的神秘①　根據血型別瞭解你的興趣

★實益型興趣的A型

A型最適合的興趣是，有助於生活所需和實質利益一致者。

製作糕點、料理、茶道、花道、假日掃除等與生活相關的興趣是喜悅的泉源。如果興趣和衣食住相結合，會從中感到生存的意義。當然也喜歡園藝。

同時，A型人對於在某期間內學習技藝，能成爲所長的事物較有興趣，即使是因興趣而著手，只要和金錢有所關係多半會湧現意慾。

A型人個性內向，討厭與衆人喧譁，因而常會習得特殊的才能或技藝，尤其是頭腦靈敏的A型人，這種傾向似乎越強。

★創作型興趣的O型

運用手指的靈巧及具有美的品味與獨創性的事物，最適合O型人的口味。

最理想的是具有慢慢磨時間，從

努力中得到成果的興趣。

譬如，乾花設計、編織、刺繡、木雕、燒陶。

而O型人具有巧妙運用構思，或靈感的藝術品味。

此外，對英語或合唱、具有音樂相關興趣的人，也以O型人爲多。對於與人交談或和人用餐會感到喜悅。

★運動型興趣的B型

運動的興趣最適合B型人的生活行動。兩個人可以享受的運動，譬如網球、桌球等或獨自可以運動的項目都是興趣所在。

另外，不僅是單純的運動，B型人對於能夠瘦身或鍛鍊心靈的瑜伽體操、空手道、合氣道等也躍躍欲試。

B型人好動，不喜歡靜待守候，因此，喜歡團體內的運動勝於獨自個人的活動，如果在團體中表現引人注目的活躍，會感到喜悅。

這種類型者除了運動以外，對於一般人鮮少參與的特殊活動較具關心。

尤其是態度積極的人，會從事平常人鮮少著手的事情來享受生活。

即使是一般人並不關心的事物反而成爲B型人發揮個性的舞台，藉此提高自己的滿足感。

譬如，手相、占星術等或西洋棋、魔術等是最適合的休閒活動吧。

★知性型興趣的AB型

對於運用腦力、活用美感的事物會感到喜悅。

思考平常不可能思考的問題，或乍看下似乎和生活並無關連，卻能滿足知性好奇心的事物最爲理想。

譬如，學習外文，參加大學的教養講座、學習作曲吟詩等。

也適合取得英語相關的資格。

2

爲了建立更好的男女關係

首次的約會

★他是A型人

等候態度模稜兩可的他的邀約，必須耗費相當長的時間。因此，主動邀約較具效果。

當然，約會的次數增多越能掌握男友的感覺。同時，不要忘了養成在不碰面的日子打電話交談，或寫信以保持聯絡的習慣。因爲，不碰面的時候對方一定會感到不安。

★他是O型人

等候對方的邀約吧。不過，O型的他心情起伏不定，有時可能在意外的時間提出約會的邀請。

這時如果拒絕，彼此的感情可能會突然地冷淡。雖然對方並不會顧慮妳的狀況，以自己的方便前來邀約，然而盡可能不要拒絕對方。最重要的是配合他的步調。

也許常聽對方說：「突然想見妳。」

但是，如果主動邀約恐怕對方也會表示拒絕。

★他是B型人

如果能決定兩人共通的暗號而只說：「在老地方、同一時間。」彼此即可瞭解的話。對兩人的感情會有正面的影響。

換言之，事先決定你和他兩人才知道的共通「語言」，即使他人不知所以也無所謂。

不要頻繁變更約會的場所，選擇在同一個場所及同一個時間。如果能到達在那個地方可以看到他或自己必在該處守候的境界，就可以放心了。

★他是AB型人

約會後分手之際如果能清楚地決定下次約會的時間地點，可能會博得對方的好感。

譬如，下星期二在○○公園，事先清楚地決定場所及時間。

他的腦海中必會深刻地記錄下與妳的約會。

即使突然想見對方也幾乎不可能。因為，AB型的男友有自己嚴謹的生活步調，不希望他人攪亂。

如何展開書信作戰

★他是A型人

寫信給男友時請重視甜蜜的氣氛。在選擇語詞上也盡可能利用浪漫的詩句或外國小說格式的文章。

同時，信紙要選擇有美麗裝飾的格式。

有時在信函上使用帶有甘甜味的香料，會令他接獲時感動萬分。

★他是O型人

迂迴繞轉的表現毫無效果。「你真棒！」「請和我交往。」如此直截了當的表示才

能打動他的心。

至於約會的時間也要清楚而具實地寫著「〇月〇日在××之前等候」。不過，他可能因得意而把妳的信件拿給他人看，因而索回該書信也非常重要。

★他是B型人

對於B型的男性書信幾乎無法奏效。即使有點麻煩也應和他見面後交談。在雙方碰面交談時對方必可清楚地瞭解妳的心意。如果不好意思見面，也應試著打電話。

央求朋友傳送書信或送到家裡，都會造成副作用。因爲，事後可能會牽扯出麻煩。

★他是AB型人

AB型的男性非常注重禮儀及旁人的耳目。

譬如，即使接獲女孩的來信爲顧及顏面可能不拆信閱讀即捨棄。尤其是衆目睽睽之下這種危險性更大。

對於這樣的男友從旅遊地寄名信片或賀年卡、生日卡、聖誕卡等會有意外的效果。

具有效果的贈禮

★他是A型人

選擇穿戴在身上、攜帶在身旁的物品。譬如錢包或皮夾。

如果送具有來歷的物品或護身符做禮物，並告訴他：「我到○○廟祈願你身體平安而帶回來的喔！」一定會令對方感動。

他可能會因此而珍藏這些禮物。

★他是O型人

妳親手縫製的毛衣或手套或有妳自己姓名簡稱刺繡的手帕等，都能博得他的歡心。

如果男友喜歡網球或棒球，最好選擇可以隨身攜帶的物品，譬如，擦汗用的大塊運動毛巾。選擇讓對方看見就想起妳的禮物最具效果。

★他是B型人

實用品比裝飾品或其他附屬品更能博得他的感激。親手做的蛋糕或料理也可能博得他的歡心。

尤其是一起做運動或出外郊遊時，攜帶親手做的三明治或飯糰更具效果。

如果知道他最喜歡的食物，也可當做禮物贈送。

★他是AB型人

首先必須調查他的興趣。AB型的男性多半有特殊的興趣或專研於自己的研究。

書籍或CD尤其能博得歡心。

如果贈送書籍能附帶自己的感想，必有反應。譬如：「讀完這本書十分感動。希望你也能分享這份感動。」這類簡短的書評也是感動對方的材料。

打電話的要領

★他是A型人

打電話時絕對不要忘了女性應有的遣詞用句。尤其是男友的家人接聽電話時，千萬遵守電話禮儀，避免被認爲是「不懂禮貌的女孩」。

A型男性如果是寡母獨子的家庭，一定會在意母親對妳的印象。

如果妳打電話的禮儀不佳，恐怕會有被「拒絕往來」的危險。

★他是O型人

打電話一定是通熱線。有時他可能會一味地談論自己的事情，而妳必須顯得愉快地充當聽衆。同時，不要忘了隨時給予應聲附和。

妳從深夜打去的電話會令其感動萬分，具有驚人的效果。

★他是B型人

和男友在電話中交談時一定會感到愉快。往往在他的侃侃而談中講了許久的電話。或者自己滔滔不絕地把話題扯遠了……。

可以像和女性朋友談話一樣無所不談，而用男性用語交談也能使彼此打成一片。打電話的時機最好在白天，這比傍晚較能使其留下印象。

★他是AB型人

這是在電話中最難以交談的人。不論說什麼幾乎毫無反應。很難掌握其眞心。也有可能打了電話之後才覺得失策。換言之，在未和他充分地交談而變得親密之前，最好不要打電話。

如果渴望和他打電話時，最好是央求他的男性朋友讓對方打過來。

約會的費用支付

★他是A型人

每次他都會主動支付，絕不會讓妳付錢。即使所帶的錢不夠，也不會表現渴望讓妳代付的態度。

如果必須支付較多的金錢時，不妨告訴對方：「沒問題，我身上還有一點錢。」

★他是O型人

剛開始似乎要代爲付款，然而在緊要關頭往往是由妳付錢。換言之，在金錢方面簡直是一無是處的類型。

想必經常在衣服的各個口袋四處摸索地找錢付款吧。

這種類型的男性，一旦女性曾經代爲付錢，從第二次的約會開始就不再付錢了。所以，即使妳身上有錢也必須讓他付款。

★他是B型人

做任何事都劃分清楚的人。當然，會說各自付帳。即使再怎麼喜歡對方也不會全部由自己付帳。

常見的情況是，由妳付款或從他身上拿錢來結帳的情況。

麻煩的事情的確都推給妳來做，然而從好處來解釋是不拘泥小節的類型。

★他是AB型人

他會付錢。因爲，他認爲：「自尊心不允許女孩代爲付錢。」

如果妳渴望各自付帳時，千萬不要在櫃台或他人看見的地方拿出錢。在掩人耳目之下悄悄地把錢交給他，一定會讓他欣賞妳的溫柔。

約會中的顧慮

★他是A型人

一開始必須清楚地決定約會當天的行程安排。「幾時回家？看電影或聽音樂？」先做好安排之後再出發。

如果約會當時再考慮，多半會不知如何決定而讓時間流逝。

同時，待在一個場所二人充分地交談，比起四處走動較容易使約會成功。

★他是O型人

突然改變心情的類型。換言之，情緒起伏不定，約會中恐怕會生氣、吵架或鬧彆扭而離去。

也許經常在約會中走失或爭吵、漫無目的地到處亂走。

喜歡動物園或公園、百貨公司等人潮較多的地方。在公園的椅凳上與異性聊天，不如乘遊艇或搭雲霄飛車等，較具變化的約會方式來得快樂吧。

★他是B型人

約會時渴望二人獨處吧。盡可能在無閒人干擾之處、樹林下、公園等人跡罕至的地方等，選擇較陰暗的場所。

而且，可能會碰觸妳的手或身體或想要擁抱妳。所以，和B型男友約會時剛開始不要選擇太安靜的場所。

與其和他安靜地獨處，不如到公園散步或逛街來得有意義。

★他是AB型人

二人交談時最好選擇面對面而坐的咖啡廳或公園的草地上。因爲，他是屬於看不到對方臉孔會感到寂寞的類型。

如果約會中併肩而行時靠在他的左側，他必定會保護妳。

不論在電影院或音樂廳，坐在他的左側一定更有氣氛。

通勤、通學途中碰面時

★他是A型人

主動搭訕也不回應的腼覥者。不過，佯裝視若無睹，其實暗中仔細地觀察著妳。必須留意在固定的時間與他碰面。一回生二回熟，慢慢地他會對妳產生好感而無法忘懷。

同時，非常在意他人的耳目，在四下無人之處悄悄向其搭訕也具有效果。

★他是O型人

找一個和自己合得來的女孩一起向他搭訕。如果有二人同行會使他感到輕鬆許多。邀他到咖啡店或在漢堡店、冰淇淋店的門口站著閒話家常。由於O型人生性喜歡熱鬧的場面，邀約到公園或參觀球賽也具有效果。只要志趣相投很快地一拍即合。

★他是B型人

如果對妳有意的男性，不論在通學或通勤的途中或公車上，一定會特別地注意妳吧。

假若妳站在他的面前凝視他一眼，他也必會站住回報妳一笑。只要掌握機會即可變得親密的，是B型男性。

但是對方表現對妳毫無關心的樣子，乃是無交往的希望最好盡早放棄。

★他是AB型人

電車或巴士內是絕佳機會。故意站在他的座前或引起他的留意。

如果是在擁擠的電車，不妨故意踩到他的腳或碰到他的手，然後向他表示抱歉。事後再故意搭訕說：「剛才眞對起……」他一定會被妳所表現的少女情懷打動。

如果有困擾或不懂的事，在電車內提起勇氣央求其教導，也是接近他的方法之一。

準備應考的他顯得忙亂時

★他是A型人

考試將近時滿腦子都是試題的，是A型人。只要熱衷於某事則無法顧及其他的事物。

因此，這時最好不要過於接近。不妨輕聲地激勵他「加油喔！」或贈送他所喜歡的糕點。最好的方式是不露聲色。

若妳表現太明顯恐怕會被認爲是糾纏不休的人。

★他是O型人

雖然面臨考試卻和平常沒有兩樣。除非到緊要關頭否則不用功，而凡事也都能做得恰到好處的適應型，應該也會對妳表現溫柔。

事實上，這個時候才是機會。妳不妨也把考試拋在一邊一起去玩玩。相信他會對妳刮目相看。

但是，如果在考試期間常和這種人碰頭，恐怕妳的成績會受影響。

★他是B型人

這種人一定有喜歡和討厭的科目。尤其是在考試後可能會因失敗而心浮氣躁。

這種男性最討厭落於人後。害怕出現勁敵。因此，最好暗中教導敵手的相關情報。同時告訴他「你最棒！」必能感動他的心。

★他是AB型人

多半是腦筋靈敏的男人，有不懂的事情主動找其商量必有益處。

請求他的教導或表示自己完全不會的嬌態，也是追求的方法。

二人一起讀書或在深夜打電話向他求教課本的問題，以接近他。

尤其是以讀書爲媒介，應該有較多交談的機會。

上課中、職場上的態度

★他是A型人

他是所謂的鑽牛角尖型，在教室或職場上是不引人注目的人。即使瞭解上課的內容，亦可能無法充分地作答，或在衆人之前緊張而答不出來。

這種男性在課堂上容易被老師責備，而在工作上出現差錯時，很容易悶悶不樂。所以，妳主動的搭訕會拉近彼此的距離。不過，如果談起讀書或工作的事情可能會使其喪失自信。

★他是O型人

他是喜歡在課堂上胡鬧起鬨的人，即使考試成績差也不在意。在職場上開朗而精力充沛的他，總是靈魂人物。

上課中他可能用橡皮屑或紙團丟妳，這乃是渴望獲得妳的注意的表示。故意惡作劇以引起妳的注意。

二人獨處時悄悄地向其搭訕，會意外地使其敞開心胸對妳表示親切。

★他是B型人

如果他對妳有意，不妨找事情刺激他。

譬如，望了帶筆記本或教科書、做出讓老師或上司責備的事情。這時他一定會站在妳這一邊支持妳。

央求他教導功課或工作、借筆記本或資料也具有效果。

★他是AB型人

上課中如果碰到他無法作答的問題，不妨立即伸出手來回答。在功課或工作上成爲他的敵手，必會引起他對妳的注意。

對他的發言表示反對或對他的回答提出疑問，一定會令他大吃一驚。即使剛開始認爲妳是驕縱的女孩，然而事後一定會明白妳是對他有好感。

在社團活動或休閒活動中的接觸法

★他是A型人

缺乏積極性的人。無法明白的表示自己的構想或意見。

因此，如果妳支持他一定能博得他的歡心。當他成爲社團的幹部或被選爲領導者，可以主動地擔任其輔佐者。

同時，也能擔任他的代言人。

★他是O型人

總而言之，是值得倚賴的類型。然而正因爲如此，恐怕有八面玲瓏而多管閒事令人困擾的時候。

對其他女孩過於體貼，可能令妳搞不清楚對自己是否有意。

不論在社團活動或小組活動中，有時不妨表示反對意見。不要凡事都說「YES」，故意表示反對會令他困擾，反而會引起他對妳的關心。

★他是B型人

這種類型者最不擅長靜待守候。若是參與運動方面的社團，一定會顯得活潑而幹勁十足。不妨親手爲他製作便當或帶飲料前去慰勞。當然，不要忘了在場的其他人。妳的細心與體貼，必會使他由衷地認爲妳是個溫柔而善解人意的女孩。

如果他所參與的是文化性質的社團，也可以主動地代勞他所感到麻煩、棘手的事物性工作。

★他是AB型人

不論是文化活動或競技運動，通常是發揮個性的人。因而有不少同性與他對立。

當他遭受衆人嫌棄、樹敵日增時，不妨以親切溫柔的語調慰藉他。如果同屬於音樂或戲劇社團，妳特別的關注會贏得他的歡心。

血型之謎② A型氣質VS O型氣質

★A型女性較保守

在多數女性聚集之處如PTA、女子大學、女職員多的銀行或百貨公司、保險公司等場合，有趣的是其中似乎存在著兩種不同類型的女性。

其一是受固定觀念所束縛，服裝打扮樸素，顯得保守的類型。

鑽起角尖來根本不顧周遭的事情。

如果有所不快，會立即露出表情，雖然注意他人的缺點卻對自己寬容待之。這種人是屬於他罰型。

發生問題時通常會把責任推卸給他人，認爲完全是某某人的緣故。

如果夫婦關係中出現糾紛，會一再地指責丈夫曾經有過的過失或所說過的狠話，認定丈夫是十惡不赦的人而自己是最大的受害者。

鬧至離婚的夫婦之間的糾紛，事實上，鮮少問題只出自對方身上。任何人都會有徬徨不知所措而犯下過失的時候。人是充滿著缺點的動物。

一旦自認爲正確，則堅持己見且拼命地維護自己，這乃是A型人的構想模式。

換言之，這種人也許可說是「A型類型的女性」。

★渴望受到矚目的O型人

和前述A型女性正好相反，有一種女性在衆多女性聚集之處，會顯得活潑好動，並自認擁有異於其他女性的魅力。

一有空閒即站在化妝檯前看著鏡中的自己發呆。手上戴著高級的戒指，身上的攜帶品全是名牌貨，從頭到腳均爲最高級的裝飾品。

走在街上自信滿滿地，認爲擦肩而過的男性必會被自己所吸引。

這種類型也許可以稱之爲「O型類型的女性」。

但「O型類型的女性」又可分爲兩種，其一是炫耀自己的儀態或美貌的類型，其二是重視知性與教養的人。後者有時會自稱爲「知性惡女」。

這種女性曾令人揣測，與其結婚的男人必定吃盡苦頭。

經常在TV或雜誌上露臉的「知性女性」或「女評論家」可說是O型

女性的典型。

任何女性都渴望裝飾自己、比其他女性更爲優秀而受到矚目。而O型女性在這方面的願望特別強烈。

女性會藉由裝飾以感到優越感並與同性競爭。

對高級名牌趨之若鶩的女性，通常在選購時並不考慮是否符合自己的性格，或因品質的優越而追求，乃是因擁有一般女性無法獲得的名牌貨而滿足。

最具體的例子是穿戴這類高級品的女性，通常會刻意地露出名牌的品名。

智慧型O型女性，則熱衷於法國文學或英國文學。

換言之，這些人會講英語或經常以法國女流作家包法爾等爲話題。

特別強調不結婚女人的優秀，或向人標榜自己是知性惡女，即是這種人的知性喬裝。

★將A型和O型比喻爲動物時

最早將人譬喻爲動物而考察其性格的，是古希臘的亞里斯多德，而最近法國的心理學家羅梅伊也進行這類的考察。

很奇妙地，人的特徵和動物確實有所關連，其中劃分爲狗型人與貓型人之間有極大的出入。

狗和貓的不同之處是狗會渴望飼主的疼愛，貓反而是要飼主去習慣牠。

狗會和人立即打成一片，貓則有一段較長的適應期。

在戀愛方面，狗型女性和貓型女性即有明顯的差別。

狗型的人會主動去愛他人並渴望他人的親近，但貓型人卻希望對方的心會主動地朝向自己。從另一個角度而言，狗型人等於A型人，貓型人則是O型人。

在女性的聚會中如果不顧慮有這兩種類型的存在而擅自發言，有時會遭受猛烈的反擊。如果專注地以「A型女性」爲對象來發表意見，通常會受到「O型女性」的反駁。

而這兩種類型之中一定各有其領導者。

淡粧、服飾樸實、個性認眞而聰明且具有行動力的人，通常會變成A型團體的領導者，相反地，穿戴流行服飾而對自己的容貌、儀態具有信心、頭腦聰明個性活潑的女性，則變成O型團體中的中心人物。

無形中「A型女性」會聚集在A型領導者的身邊而一起採取行動。

同樣地，「O型女性」也會接近O型領導者組成一個集團。

A型女性較具有發言權的女性團體往往顯得保守，而O型女性較具有發言權的團體則呈現積極、前進的傾向。譴責電視所播放的不雅節目或認眞地處理青少年暴行問題的，通常是A型人，而主張性解放或提供令世人大感驚愕話題者，則是O型人。

3

利用星座、臉型判斷法深入瞭解性格

妳的男友是144類型中的那一種？

也許有人懷疑根據四種血型果眞可以瞭解對方嗎？有一個鑑定法可以讓心存疑惑者心服口服。

這是利用血型和十二星座及個人臉型（三型＝○型、▽型、□型）做分類的方法。

利用這個方法可以將人分類爲144種類型。

這個分類甚至可以洞察對方的深層心理。

利用「血型」＋「星座」＋「臉型」的判斷可以做幾近百分之百心理分析。

譬如，同樣是A型人在觀念或對戀愛的態度上，也有一點出入。

被認爲是內向性格的A型人，也有個性外向的人。

因此，不僅從血型，應該和其他的占卜組合再做判斷。

和血型組合做判斷時，與血型淵源最深且最適宜立即做判斷的，則是星座占卜。

如果再加上做爲人相術基本的臉型，則更提高其準確性。

A型的男友●36類型

牡羊座★3月21日～4月19日

○型　樸素而老實的類型。不會阿諛說奉承話。即使所面對的是女性，只要對方有缺點會明白直言。在性方面稱不上高手卻會盡量努力。妳對他的讚美會使其變得更爲大膽。

▽型　常識型、不好冒險、認眞的人。擅長與人交際、樂善好施、個性開朗。意志略爲薄弱，也不擅長談戀愛。絕不會主動邀約女性或握手。女性應積極主動地搭訕。

□型　沉著的性格、能抑止任性的人。擅長讓自己適切地配合對方的類型。對身材苗條顯得弱不禁風的女性特別憐惜，渴望能充當其守護神。妳的作戰策略應該是扮演柔弱的女子以攻佔其心防。

金牛座★4月20日～5月20日

○　型　相當羅漫蒂克的人，喜愛繪畫、作詩。對於自己的戀愛觀也憧憬有一場轟轟烈烈的浪漫史。碰到美女型的女性顯得張慌失措也是特徵之一。不妨在信箋上撒一些香水，寫一封充滿著浪漫情調的情書給這種男性。

▽　型　喜愛孤獨。一點失敗也掛在心上，內向而消極的人。只要肯放手一搏就有勝算，卻缺乏勇氣，因而常錯失良機。對待女性也不積極，偶而必須由女方主動追求。

□　型　有事即仰賴他人或推卸責任，缺乏自己積極參與的幹勁。帶著和善的心對他人立即表現同情。略有老戀少的傾向，看見年幼可愛的女性會湧起激情，因而不妨扮演天眞無邪的女性。

雙子座★5月21日～6月21日

○型　難耐寂寞，身邊若沒有女性常感到不安。

正因爲如此，對女性表現極爲殷勤的態度，甚至有人還因而有「電話魔」的綽號。

並不在意外貌如何，只重視與自己合得來的人。在交往過程中讓其掌握主導權才能贏得其歡心。

▽型　仔細思量之後再行動的慎重派。絕對不爲非作歹。在令人意外之處有相當的潔癖。喜好純情、楚楚動人的女性。婚前必須是處女。

不過，在旁人眼中他是令人捉摸不定、充滿著謎團的人。

□型　屬於一般的常識型，和任何人都能相處得宜。戀愛方面是可以自己控制情愛的冷靜派。不會讓所交往的女性困擾或悲傷。具有責任感。

可以放心且積極地追求。

巨蟹座★6月22日～7月22日

○型　愛鑽牛角尖，不願意標榜、凸顯自己的人。在衆人前顯得緊張，碰到失敗

A型
巨蟹座
O型

很容易變得消沉。

但是，當他消沉的時候正是機會。不妨突如其來的打通電話或出現在他眼前向其表白愛意。

▽型　在性格某處有相當陰沉的一面，爲未來的事考慮再三，對他人帶有警戒心，很難暴露自己的本性。

有時表現溫柔，有時積極地接觸，花較長的時間來掌握他的心。

□型　看起來靠不住，也不是受人歡迎的類型，但看見這樣的人會挑起女性的母愛胸懷。禁不住想要照顧他，因而在交往的開始必須由妳主動帶領。

但是，碰到分手的時候倒是令人煞費苦心的男性。

獅子座★7月23日～8月22日

○型　雖然並非處處照顧他人的慈善家，卻無法坐視受困的女性不管的人。最好的戀愛策略是故意在他面前失敗，表現不知該如何的態度。

因爲，這種人雖然帶有一點神經質，卻會爲女性的請託賣命的人。

▽　型　相當自信又具有行動力。因而討厭受他人指使，渴望成為帶頭吆喝的山中大將。

在戀愛方面喜愛不受常識束縛的野性行動。要領是妳必須隨時的吹捧他。

□　型　雖然並沒有特殊的魅力，卻具有吸引人的特質，分手後渴望再見其一面。

對女人的心情並不敏感，如果由女方主動表示，成功率會更高。

處女座★8月23日～9月22日

○　型　沉默寡言又極為腼腆的人。因此，即使渴望女朋友也不會主動追求。女方應看準機會毫不猶豫地主動進擊。

讓他的手碰觸妳的胸膛說：「心跳不已。」這一招具有相當的效果。

▽　型　經常口說大話，而在緊要關頭卻採取保守的態度。

對女性也無法做最後的決斷。如果妳能讓其發揮勇氣與決斷力，必能獲得回報。

□　型　經常表現冷漠的態度，通常對女性或性的話題不表關心。

因此令人不知該如何追求。既然是討厭帶有黃色話題的男人，應該循序漸進地採取溫柔的攻勢。適切地刺激他的心，以便落入妳的掌握中，乃是追求的要領。

天秤座★9月23日～10月23日

○型 個性拘謹、處事一絲不苟，辦公桌或皮包內經常保持整潔。絕對和生活懶散的人合不來。

約會也不可遲到。這會使整個氣氛破壞無遺。在戀愛方面也是按部就班，討厭過於主動積極的女性。

▽型 充滿著正義感，無法坐視污穢、矛盾的事情。堅守義理人情，有恩必報。感情豐富，如果找這樣的人談論自己煩惱的事情，必定會設身處地的爲妳著想。

□型 採取行動之前多方顧慮的人，相當謹慎的慎重派。如果妳顯得心浮氣躁，則無法發展戀情。應該理解對方的性格，協助其消除內心的不安。

總而言之，必須爲其打氣。

天蠍座★10月24日～11月22日

○　型　神經質，爲一點失敗悶悶不樂的人。
譬如，對於喜愛的人所用的杯子，會躊躇是否自己可以使用。與這種人交往必須努力培養氣氛。最討厭遲鈍、脫線的女性。

▽　型　顯得難以倚靠，渴望由他人帶領。談吐方式顯得極爲溫柔，會觸動女性給予呵護的母性本能。欠缺男子氣慨，卻可以在女性的主導下交際往來。

□　型　幻想力豐富的人。經常會擅自解釋或自做主張。在戀愛方面佔有慾極強，又充滿嫉妒心，和這種類型的人交往，必須避免秘密或遭受誤解的言行舉止。凡事公開，千萬不要令他有不必要的誤解。

射手座★11月23日～12月21日

○　型　可以控制感情、性格穩定的人。在所賦予的條件中，會表現自我的面貌。和女性的交往表現一般的態度。不唐突冒進、按部就班的人。只要妳準備

A型、射手座
▽型的男友

備好接納的態勢，雙方會自然地結合在一起。

▽型　追求夢想的浪漫主義者。服裝華麗，若不裝扮得體會感到彆扭的人。體力十足，對女性表現熱情。

妳也應讓自己展現華麗的氣氛。若對方醉心於妳，今後的交際往來將由妳來主導。

□型　交往越久越有味道的人。妳應該會尊敬他並跟從他吧。與女性接觸的態度落落大方，且令人感到溫柔，通常會使女性爲之著迷。面對這樣的人，最好強調妳的純潔、眞誠。

山羊座★12月22日～1月19日

○型　其中也有個性相當陰沉的人。對任何事物都朝不好的方向解釋，往往躲匿在自己的象牙塔內。

面對這種人以開朗的態度接觸最具效果。妳所表現的無拘無束的性格，必會令其感到魅力。二人獨處時不妨開點玩笑，表現親膩的態度。

A型、雙魚座
□型

▽　型　無法獲得自己心愛的女性的青睞，卻被感到討厭的女性追求，愛情的路上常有事與願違的情況發生的男人。一般而言較早結婚，可能成爲富翁的招贅女婿或和財運特強的女性結緣。必須仔細觀察他的行動再進行追求。

□　型　開朗、無拘無束的男性。有時表現小丑的模樣，令人覺得滑稽，人緣極佳，任何人都渴望與之交往。和這樣的人在一起眞的樂趣無窮，甚至令人忘了時間的流逝。也能充分享受性愛的歡愉，只要完全地倚賴他，則萬事ＯＫ。

水瓶座★1月20日～2月18日

○　型　重視友情的誠實者。但缺點是會以第一印象決定對他人的好惡感。喜好與他人接觸，會選擇同樣具有社交性格的女性。先從團體交往接觸，慢慢地從中凸顯你的開朗，乃是交往的要領。

▽　型　爲芝麻蒜皮小事悶悶不樂的人，但心地善良又具有體貼之心。不擅長與女性接觸。與這樣的男友交往最好是在讀書會、社團活動、旅行、宴會等有多數人聚集的場合。在這類場合中自然有機會來臨。

□型　能充分傾聽他人談話也能適切地傳達自己觀念的人，但初次見面時會明顯地表現個人的好惡。如果初次見面時對方會溫柔地與你交談，你應該是他喜愛的類型。不妨積極地拉近彼此的距離。

雙魚座★2月19日～3月20日

○型　冷靜又能客觀，且公平地判斷事物的人。誠實、精神處於安定狀態，因而是能在工作上發揮實力的幹才。不過，缺點是對金錢及女性的佔有慾過強。妳必須隨時讓對方覺得他是妳的唯一。

▽型　溫柔而感情細膩的人，但有時會擅自想像對方的一舉一動而雕塑其印象。如果對妳帶有好感，一定會把妳想像成好的模樣。而妳應若不經意地從他的口中套出他對妳的印象，再特別強調那一點。

□型　質樸、腳踏實地穩紮穩打的人，具有社交性，和任何人都能交際往來。換言之，雖然和妳交往也有可能和其他的女性往來。對於他所熱衷的事物妳也應該試著參與，以建立彼此共通的話題。

O型的男友●36類型

牡羊座★3月21日～4月19日

○型　對某個女性一見鍾情後即終身難忘，個性相當執迷的人。可能永遠無法忘懷初戀者的印象。不過，如果女性積極地追求，可能會感到驚慌，從中暴露其眞誠的一面。

以寬裕的心與其交往，愛情的路走起來較爲平順。這種男人完全根據妳的態度而改變。

▽型　對服裝、攜帶品極爲用心的時髦人。隨時意識女性的眼光，因而經常表現紳士的態度。觀察女性的眼神犀銳，要求對方是與自己搭配得宜的淑女。

但是，內在卻充滿著花花公子的要素。

如果被其外表所誘惑，恐怕會吃盡苦頭。必須看清楚這種男人的本性。

□型　先顧慮對方再採取行動，具有體貼心的人，有時甚至會爲別人而犧牲自己。重視友情、家人。但鮮少暴露自己的弱點，也許很難掌握他的心。讓他對妳的原貌留下印象非常重要。

金牛座★4月20日～5月20日

○型　常會爲無聊的小事發牢騷、心浮氣躁，臉上隨即呈現內心的不快。周遭會爲其多方顧慮而當事者卻毫無所謂。略爲任性的人。因此，對於包容力強仍任由自己要性格的年長女性較具好感，同時也渴望被女性緊緊地呵護著。妳必須成爲具有包容力的女性。

▽型　神經相當細膩的人，會因對方微不足道的言行舉止而一喜一憂。有時可能因你脫口而出的一句話而受到傷害。在戀愛方面也是等候女性的主動追求。不妨在具有情調的地方細訴情款。不過，似乎不擅長與過於開放的女性交往。

□型　最喜歡胡鬧起鬨或東聊西扯。個性積極前進，若是提到旅遊計劃必率先實行。永遠是團體中的領導人物，深獲衆人的愛戴。屬於在氣氛熱鬧的團體活動交往的類型，若要發展爲親密關係，必須有相當的努力。

雙子座★5月21日～6月21日

○型　具幽默感，喜歡開玩笑，經常逗得旁人捧腹大笑。但是，口齒過於伶俐而無法掌握其對女性讚美的眞實性。應該注意這種人脫口而出的「愛妳」。測驗其眞心的方法可試著故意對他的朋友表現溫柔，如果他毫無反應，表示對妳並無感情。

▽型　個性認眞的純情派。只要是爲心愛的人，任何事都可犧牲奉獻。若能陪伴在心愛者的身旁，就感到滿足。會從好處解釋對方溫柔的舉止完全是爲了自己。千萬注意被誤解了。對方是認眞地交往，因而妳也不可以逢場作戲的心情與之往來。

□型　心情起伏不定的男人。可能每天電話響個不停，卻也可能連續數個禮拜毫無消息……。女性因無法掌握其眞心而猛吃飛醋。但這種男人最討厭爲這件事被指責或盤問。縱然是自己心愛的女人，也不願受其束縛。因而妳也該堅守本份。

巨蟹座★6月22日～7月22日

○型 雖然渴望擁抱或碰觸女性，卻無法付諸實行的人。立即和異性成爲莫逆之交卻沒有「男性」色彩的人。妳應該體諒他內心的焦慮，主動挽住他的手臂表現嬌態。然後閉上眼，等待他的表現。

▽型 浪漫主義者，認爲柏拉圖式的戀愛方式最爲理想。重視精神上的投合遠勝於肉體的結合。具有體貼他人之心，極富理性的人。發生問題時彼此應充分地溝通，直到雙方信服爲止。首先應表現渴望理解他的態度。

□型 擅長掌握女人心，設想周到的人。禮儀端正的紳士型。外型時髦、言談舉止優雅。但總表現冷靜的態度不會主動展現熱情。也許會令人覺得若有所失，但應該耐著性與之交往。

獅子座★7月23日～8月22日

○型 通常是愛慕虛榮的人。穿著打扮永遠追逐流行。渴望穿著華麗的女性陪伴

○型・雙子座
□型

身邊。言談舉止略爲粗暴，但個人獨處時卻意外地顯得老實。乍看下似乎是遊戲人間者，但碰到自認爲重要的女性，絕不輕慢褻瀆。交往之後漸漸呈現其內在愛美的男人。

▽型　心情起伏不定的人，與高釆烈的當頭卻突然沉下臉來，或表現冷漠的態度。約會時也有特別起勁的時候，但只要稍感不痛快就無精打釆。妳可能因爲他的情緒起伏而搖擺不定。若要持續交往應盡早掌握他的自處之道，不要無理強求。

□型　顯得老實卻帶有強烈的好奇心，認眞用功的博學家。研究心旺盛，對於自己喜歡的話題可談論數個鐘頭也不疲憊。如果妳能興趣盎然地傾聽他的談話，會使其大爲感動。不妨成爲他最忠實的理解者。

處女座★8月23日～9月22日

○型　個性喜好與人接觸且深得人緣。特別受到年長女性的垂憐。樹敵多因而可能變成令妳倍感困擾的對象。妳也不必勉強配合，最好是以自然的方式與之交往。

▽型　鉅細靡遺的殷勤人。心地善良，無法拒絕他人的請求，博得衆人的好感。

對待女性也極爲溫柔，卻對態度積極的女性招架不住，在這種女性窮追不捨之下，可能會舉手投降。而妳應不要錯失良機大膽地主動追求。

□型　難耐寂寞又有大少爺的驕氣。如果妳顯得心浮氣躁不知所措時，他也會茫然無主。喜愛年長或堅強的女性，因而妳在表面上也應喬裝是女強人的類型。坦率的愛情表現最好。

天秤座★9月23日～10月23日

○型　充滿服務精神，生性開朗愉快，絕不令人感到厭倦的男人。不要以男友或情人的意識與之交往，就把他當做是一般的朋友。志氣相投的伙伴慢慢會轉移爲戀情。他喜愛精神上自立的女性。

▽型　會充分顧慮他人的感受再採取行動的人。但如果自我意識過強，會對他人如何看待自己感到忐忑不安。讓他對自己產生自信最爲重要。在性交方面遵守禮儀，不會有直截了當的表現。渴望心靈的滿足勝於性愛本身。

□型　不針對女性而是對一般人都會表現明顯的好惡。若不是自己喜愛的類型，即使女性主動挑逗也不上鉤。如果女方主動追求並無任何反應最好打退堂鼓。被斷然拒絕之前隱身而退才是智舉。

天蠍座★10月24日～11月22日

○型　所謂八面玲瓏型，永遠展露微笑而難以掌握其所喜愛的類型。這種人渴望在戀愛的拉鋸戰中享受，而不明白地交往。如果純屬聊天對象，是令人感到愉快的人。但言聽計從下會不知不覺中喪失自己。

▽型　擅長掌握女人心又能適切應對的人。不自覺任由其翻弄於股掌間並深陷其中。和這種人在一起通常會誤以爲自己受到憐愛，但自以爲是乃爲禁忌。千萬不要擅自認定而後悔不已。

□型　外觀顯得時髦又有品味，但通常是內在懶散隨便的人。尤其是女性，關係常糾扯不清。以外在的優點爲武器，再三地累積涉獵女人的精力，在性方面堪稱高手。也許被擁入懷裡後則難以分離。但與這種男人交往必須有十足的耐心。

O型、天蠍座
O型

射手座★11月23日～12月21日

○型 平常具有和順的人際關係，但在緊要關頭會表現曖昧不明的舉止。欠缺重要關鍵時的決斷力。即使你有意等待卻無法獲得回報。但是，如果讓他發現妳的優點恐怕會使其一頭栽入情網。

▽型 意志薄弱，即使內心不願意也會任由女性的擺佈。由於欠缺決斷力，只要碰到強烈的誘惑則難以拒絕。碰到女性的糾纏幾乎無法抵抗，是容易受誘上鉤的男人。不過，千萬不要忘記對其他女性也是一樣的態度。

□型 性急而好奇的人。對自己周遭的事物必窮追到底，否則誓不甘休，渴望成爲他人戀情中的丘比特。

樂善好施又有人緣，但常因此而忘了自身的問題。面對這樣的男友應特別強調妳的優秀。反覆再三地說些刺激的話使其警醒。

山羊座★12月22日～1月19日

○型　知識慾、好奇心旺盛，博識多聞的人。能迅速掌握情報而話題豐富。喜愛交談，從不厭倦。不妨找一大堆問題問他。只要妳興緻勃勃地傾聽他的談話，他必會熱心地教導妳。要領是變成最佳的聽衆。

▽型　十足的愛家者，對女性溫和，絕不粗暴。絕不做女人討厭的事。甚至會令女人渴望稍微粗暴的帶領。因此，不妨若不經意地主動進擊。

□型　忽冷忽熱的類型。剛開始交往幾乎渴望每天約會，但可能立即冷卻。即使認為以身相許也無妨，最好盡量拖延而令其感到焦急。他必會熱情如火。

水瓶座★1月20日～2月18日

○型　他是率直又充滿青春魅力的人。生性坦蕩，不拘泥細微小事。但情緒有高有低，有時變得憂鬱，有時卻又神氣活現。只要能掌握其情緒起伏的頻率與之配合，應可相安無事……。

▽型　性格溫厚、認眞的人。雖然並沒有令周遭驚訝的瀟灑、氣派，卻具備幽默感與溫和的魅力。略為內斂的性格，不愛唐突貿然的舉止。最好避免過於

○型、水瓶座
▽型

大膽的追求。以優雅的氣氛來佔據他的心較具效果。

□型　自主性高的行動派，因而對戀愛也相當積極。雖然會積極主動地追求心愛的女性，但眞正與其搭配的，是遠超過其積極性的行動派女性。換言之，採取先發制人的攻勢更具效果。

雙魚座★2月19日～3月20日

○型　抱持安全主義，絕不樹敵。有時過於迎合對方或內心感到不快，卻表現妥協的態度。所以，即使陷入妳的誘惑也不可輕心，必須確實掌握他的心。

▽型　感受性敏銳而內向的人，但事實上內心深處充滿著矯情與自負。雖不明言卻對自己抱有絕對的信心，因而要注意避免傷害到他的自尊，若不經意地發現他暗自引以爲傲的優點並給予讚美。

□型　看似老實卻相當頑固。似乎任性卻是溫柔而開朗的人。能和瞭解自己觀念的人打成一片，但對於性格不同者則不知如何相處。充滿正義感而純眞，妳絕不可有腳踏兩條船的行爲。

B型的男友●36類型

牡羊座★3月21日～4月19日

○型　野心勃勃，一心一意要標榜自己的人，無法忍受落敗於他人。對女性充滿熱情，想要佔領對方時不畏任何障礙，誓必得到手。妳應該表現柔順的態度蠱惑他的自尊。

▽型　大言不慚，幾乎令人腆靦而行動也大膽。渴望經歷一段轟轟烈烈的戀情。而女方也必有相當的技巧。一般的性並無法獲得滿足的人。若無自信最好放棄。但交往之後會感到刺激，幾乎無法自拔。

□型　喜好誇大言詞強調男性的氣度，但其實是相當懦弱的人。對於強悍者帶有自卑感。雖然有時令人覺得口是心非，卻絕不可說出傷害到他自尊心的話來。凡事不妨順著他去吧。

金牛座★4月20日～5月20日

○型 在與女人相處之道上堪稱一絕的人。碰到這樣的男人再怎麼矜持的女性恐怕也招架不住。技術相當熟練，如果妳不能放下身段與之交往，則無法來電。這種男人是最適合逢場作戲。

▽型 對任何事都專斷自爲且牽強。無法順遂己意時也可能中途放棄。問題乃在於發洩的方式。即使妳表示拒絕，往往也會被強行闖關。一旦允許之後可能變成糾纏不清的關係。

□型 以自我爲中心而不服輸。具有實行力與判斷力，個性堅強的人。但稍欠妥協性，因而朋友不多而偏頗。妳應成爲銜接點，盡量擴大他的交際範圍。

這種人喜愛充滿變化的戀愛勝於平凡的愛情，因此妳也應在交往中刻意地展現不同的面貌。

雙子座★5月21日～6月21日

○型　浮躁而不踏實的人。即使身邊已有女伴，視線仍然會穿梭在其他女人身上，二人獨處氣氛正佳時，也顯得浮躁、若有心事。

首先必須製造令其醉心的氣氛。同時還要牢牢地抓住他。

▽型　不言實行型。我行我素、穩紮穩打的人，但動起怒來可能會發洩平日的鬱悶，令人感到恐懼。如果因他沒有任何表示而持續任性的態度，對方可能打算分手。

這種人討厭愛講道理的女人，應該盡可能配合他的步調默默地跟隨。

□型　極懂得掌握女人心，相信有不少女性不知不覺中會沉迷於他欲擒故縱的技巧裡。有時他對妳的反應沾沾自喜，妳也應該順勢配合他。

巨蟹座★6月22日～7月22日

○型　花花公子型而女友也多，相當習慣打情罵俏。自信滿滿地以爲沒有女人不上鉤。攻陷這種男人的心防唯有徹底地忽視他的存在。他會對這樣的妳心動不已。

▽型　堅強而性感的男人，相信任何女人都渴望坐擁其懷中。他的魅力令人一夜春宵也不後悔。但心靈的體貼稍欠不足。一旦發生衝突恐怕變成兩條平行線，不再交合。

□型　喜好引人注目，凡事都渴望超前領先。對女人手腳特別勤快，只要有機會即渴望享受冒險的人。擅長花言巧語，應特別注意。

因爲，有些女性在不知不覺中會奉獻出一切。妳必須在自己能負起責任的範圍內與之交往。

獅子座★7月23日～8月22日

○型　任性、陰晴不定的人。和這種人在一起會莫名地感到心浮氣躁。雖然感到厭惡卻因其偶而表現的溫柔而莫名地尾隨而去。

如果不以他的方便爲優先則無法持續戀情。這種人極得女人緣，與情敵之間的爭寵煞費苦心。

▽型　發笑、談話方式顯得豪邁瀟灑。聲音比一般人大一倍，充滿著男子氣慨的

B型、獅子座
□型
唯我獨尊

人，但面對女性卻顯得稚嫩純情。對他而言，必須有一段掙扎才敢提出約會的要求。由妳主動的撒嬌或誘惑，較具效果。但必須保持開放的氣氛。

□　型　缺乏細膩的心思與體貼心的利己主義者，對他人的缺點從不疏忽，但對自己卻寬容以對。不論約會或性愛都必須由他主導，以滿足唯我獨尊者的他。對妳而言是相當棘手的對象。

處女座★8月23日～9月22日

○　型　開放而開朗的性格。帶男子氣慨，具有理性的判斷力，耐性堅強，凡事必貫徹到底的人。即使有不快的事也不表露在臉上。和這樣的人可能會發展相當平穩的戀情。要領是有時以理性，而有時以浪漫的情調進擊。

▽　型　帶男子氣慨又值得信賴的男人。生性體貼，碰到他人有難必立即給予協助，情緒消沉時也會給予激勵。有這種男友在精神上會感到踏實。無法拒絕他人的請求乃是他的弱點。

□型 一旦沉迷於某事則顧不得其他的人。因此，談起戀愛恐怕連功課、工作也無心經營。對這種人的進擊法是剛開始擁有與他相同的興趣。

天秤座★9月23日～10月23日

○型 富有個性，腦筋靈敏常會思索一般人想像不到的事情。行動大膽，即使遭到強烈的反對也會信守自己的觀念並付諸實行。與女性的交往渴望自由而開放的方式，最好一切委任他的帶領。

▽型 個性潔癖而黑白分明，對女性的嗜好也相當挑剔。對於親自塑造自己眼中的窈窕淑女會感到喜悅。討厭賣弄知識才學的女人。妳必須讓自己變成謙虛、含蓄的女孩。

□型 非常喜歡開黃腔。在性方面是相當開放的男人。有時會有意無意的吃女人的豆腐。不過，並不會令人感到猥褻或帶著陰氣，能適切的發洩慾望，因而儘管隨聲附和吧。妳的交往之道是表現開朗的態度。

天蠍座★10月24日～11月22日

○型　自信滿滿而容易樹敵的人。對他人的好惡相當明顯。由於對自己自信過盛而無法察覺，顯得挑釁的作爲。這種人似乎難以招架具有個性的女人的誘惑。

▽型　通常是任何事都身體力行、行動積極的人。非常討厭半途而廢，筆直邁進自己所信服之道。傾向於追求不太反抗的千金小姐型的女人。必須隨時吹捧、迎合他。

□型　情緒高低起伏不定，有時令人無法瞭解何者才是眞正的他。談吐優雅深獲女人緣，多采多姿也是其魅力點。做爲ＢＦ是最令人欣羡的伙伴。不過，必須劃分清楚他乃是逢場作戲的伴侶。

射手座★11月23日～12月21日

○型　凡事都想涉獵的慾望型。因爲這樣的性格對任何女性都會以溫柔的語調搭訕或要求約會。

贈送小禮物給這樣的男人具有效果。總而言之，這種男人碰到溫柔的對待會感激涕零。

▽型　生性坦蕩不拘泥小節。重視前、晚輩的情誼，喜好團體行動。但行動過於率直恐怕會遭受誤解。這種男人無法靜待家中，盡量與之在外散步或跑步，做戶外活動的約會。

□型　對每個女性都表現溫柔的花花公子。與女性相處極有一套，同時對自己也抱著自信。被拒絕時反而熱情洋溢的人。如果任由其使喚反而會被輕視。應該說的話先言明在先，然後淡然處之。這乃是令他轉向自己的要領。

山羊座★12月22日～1月19日

○型　重視自己勝於他人，往往採取以自我為主體的行動。不適合做為商談對象。正因為如此，喜愛他人吹捧，交往的要領是懂得聆聽他的談話。積極地表現妳的好感。

年長
B型、山羊座
▽型

▽型　率直活潑的人。追求冒險與刺激而不加思索。一旦下定決心，再怎麼不可能的事也全力以赴。妳應該表現支持的態度。這種人對年長的女性帶有好感，因而妳應表現成熟而穩重的氣質。

□型　處世伶俐迅速的行動派，獲得旁人絕大的信賴。這種人面對女性所表現的溫柔、若不經意的體貼會大為感動。暗中協助或為其設想，會加深妳給他的印象。安慰的言語更具效果。

水瓶座★1月20日～2月18日

○型　外表顯得忠厚老實、內向，事實上勇氣十足又能發揮卓越的行動力。若掉以輕心在不知不覺中會落入對方的掌握中。但若對其有意，不妨順著他。

▽型　行動大膽，縱然是斷然的舉止也不為動容。討厭平凡的事物而求新求變。競爭心強，因而妳必須適切地在這方面給予刺激。直截了當攻其心防，遠比委婉浪漫的甜言蜜語更具效果。

□型　通常是具備藝術品味的人，但情緒高低起伏、易冷易熱。曾幾何時對妳如

真有一套嘛！
B型、雙魚座
O型

癡如狂的他會在剎那間表現冷漠的態度。妳應該算計他所具有的強烈獨佔慾，故意對其他男性表現溫柔。

雙魚座★2月19日～3月20日

○　**型**　他是心思細膩容易受傷害的人，因而對他人會表現溫柔、體貼的態度。不過，有時會令人感到幼稚。這種人在各種戀愛的場面不會主動地掌控一切，因而妳必須積極地製造氣氛。

▽　**型**　不被外在的浮華所誘而心動於潛藏在深處的精神面的實在。若不兩情相悅絕不要求性愛。一旦超越最後防線，必會負起責任對妳表示尊重。

□　**型**　屬於樸素不顯眼的人，但對任何事都會以誠待之。個性內向，有時會表現木訥的態度，而事實上是具有體貼心的人。只要由衷地表現愛情，必可得到回報。

AB型的男友●36類型

牡羊座★3月21日～4月19日

○型　憑空幻想而不切實際的空想家。經常覺得慾求不滿，渴望追求刺激。雖然想要有所作爲卻找不到發揮之處而感到焦慮。妳不妨安靜的傾聽他的不平不滿。

▽型　難以說出內心所想的懦弱者。但在背地裡卻常發牢騷，稍欠男子氣概。本質上是躲匿在自己象牙塔內的人，很難掌握其眞心。與女性的交往中也會出現意想不到的行爲，必須誠愼以待。

□型　很清楚自己優、缺點的人。覺得事不可爲則坦率地抽身而退，是非分明。對待女性也知進退，在性方面會尊重對方的感受。這種人是值得信賴的。

AB型、牡羊座
O型
趕快下來呀！

金牛座★4月20日～5月20日

○型　神經質而性格略爲內向者。樸質、紮實往前努力的人。不愛冒險，絕不越軌的安全主義者。他的戀愛觀相當平凡，通常因少了最後一把勁而失戀。妳應該爲他製造順水推舟的時機。

▽型　隱藏自己的心意而讓對方敞開胸懷的狡猾型。頭腦聰明、狀況判斷迅速，絕不做使自己陷於不利的事情。即使是自己心愛的女人，只要對自己會造成損失，可能會藉機脫逃。

□型　具有極佳的順應性，即使碰到不快的事也能適切地協調的人。也具有領導者的素質。待人和善，擁有女人緣。但行事正規正矩因而約會也流於俗套。不妨由妳主動訂定約會行程，掌控約會的氣氛吧。

雙子座★5月21日～6月21日

○型　這種人對學習或興趣極爲挑剔。只要自己所沉迷的事物受到一點輕蔑立即勃然大怒。對他所熱衷的興趣表示興趣，是與之保持親密的捷徑。而他對自己的身體也自信滿滿，喜好被女性碰觸。

▽型　不說無聊的贅言，也不會主動地與人打成一片。喜愛單獨行動勝於團體中的遊樂。有點難以親近，因而追求的時機非常重要。這種人不會輕易地放下身段。

□型　頭腦聰明、待人和善的好青年。不說或做出令人不快的事來。充滿著體貼他人的心，渴望發自眞誠的交往。討厭女性主動而大膽的行爲，妳應靜待他採取行動。

巨蟹座★6月22日～7月22日

○型　雖然年輕時並不引人注目，但慢慢會發揮卓越的才能，極有可能將本身的興趣變成正業。面對撒嬌的女性會招架不住，交際往來出於眞誠，不會輕易引人上鉤。妳不妨表現可愛且大膽的舉止。

▽型　比一般人更難耐寂寞，極度討厭孤獨。渴望隨時有他人在身邊、談談話。

不過，如果凡事順著他，恐怕會令妳覺得靠不住。定期地打電話給他，會令他高興萬分。

□型　這是所謂的愛面子型。討厭在衆人前表現親密的態度。他認爲女人應該安靜的尾隨在後。

面對女人的撒嬌，可能會表現冷淡而置之不理的態度。

但二人獨處時卻又主動諂媚起來。他的眞心與外在的表現並不相同，妳必須懂得他的弦外之音。

獅子座★7月23日～8月22日

○型　對任何人都具有理解力。一旦下定決心必付諸行動，積極而好動的性格。具有社交性、個性活潑，常以領導者的姿態率頭領先。

而對自己喜愛的女人會犧牲奉獻。開朗的女性是其喜愛的類型。

▽型　非常內向，很難暴露自己的眞心。妳必須充分地考慮他的心情再採取行動。

心思細膩而牽掛任何細微小事，一旦和異性保持親密的關係，會盡可能爲喜愛的對方付出。

□型　性格冷淡，若非特殊的情況絕不受女性的誘惑。即使與異性的關係親密，也仍然保持對等的關係。不要因爲妳是女人而可以佔便宜，這一點務必注意。與這種人交往必須注重分寸。

處女座★8月23日～9月22日

○型　經歷各式各樣的體驗而發揮能力的人。但生性易冷易熱，可能因嘗試戀愛的冒險而與所交往的女性發生糾紛。帶有母性氣質的女性會博得其好感。應該冷靜地判斷他再採取行動。

▽型　經常擺著一副撲克牌臉，給人難以親近、令人畏懼的印象。但唯獨二人相處時卻變得相當體貼而愉快的人。心思細膩會傾聽妳的煩惱並給妳安慰。這種人會接納理解自己的女性。

頑固
AB型
處女座
□型

□型　沉默寡言，面對不快的事會強自忍耐的人。但生性極爲頑固，事情到了決裂的地步也不爲所動。對女性也相當嚴苛，一哭二鬧的方式沒有任何效果。必須覺悟長期抗戰。

天秤座★9月23日～10月23日

○型　難耐寂寞而情緒高低起伏，但渴望追求冒險與刺激。對任何事都感興趣，而缺點是經常半途而廢。清楚地表示自己的嗜好，面對討厭的人甚至不理不睬，表現略爲任性的一面。

妳必須以寬容的心對待他。

▽型　不會主動與他人搭訕的人，給人不好相處的印象。但一旦親近地交談後，會發現他的爽直與溫和。二人獨處時會表現溫柔並掌控過程，因而可全面地信賴他。

□型　喜愛搬弄道理、議論，一扯上則沒完沒了。在性方面也要貫徹個人的主張。但多半是自以爲是的行爲……。對樂天派的女性而言恐怕必須度過無聊

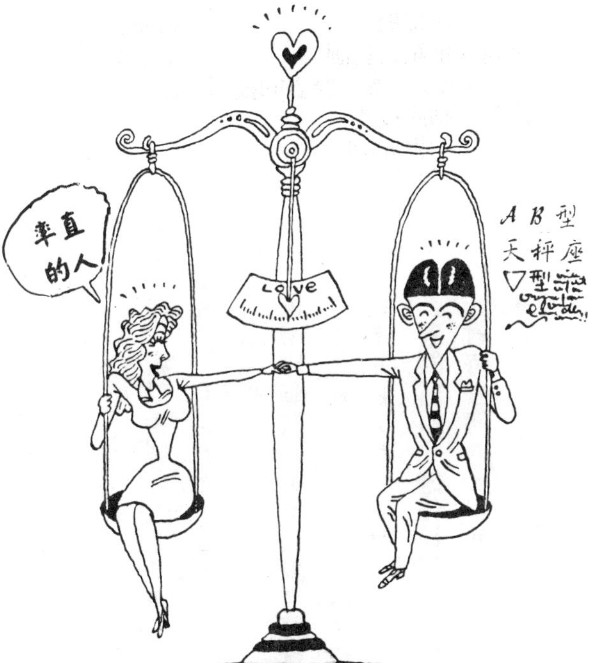
率直的人
LOVE
AB型
天秤座
▽型

的時間。總而言之，妳必須安靜地聽他搬弄道理。

天蠍座★10月24日～11月22日

○ **型** 雖然沉默寡言卻個性溫和，難以拒絕他人的請求。觀念合理，給人通達事理的印象。也許在初次見面時會突然地表白愛意或展開情書攻勢，雖然令人驚訝，但絕非輕薄，妳不必顧慮過多儘管與之交往看看。

▽ **型** 老實人。和女性的交往也出於眞誠。不擅長表現華麗的舉止，常常處於爲人抬轎而努力不懈的人。與其是談情說愛的戀人，毋寧是凡事可以倚靠、商量的大哥。也許在無所不談的關係中會萌生愛苗。

□ **型** 富強烈責任感，極獲年長者的信賴。擔任社團團長或具備在工作中以領導者統率部屬的能力。以誠對待任何人，但面對喜愛的女性卻略爲消極。也許由妳主動邀約製造戀愛的機會才切實際吧。

射手座★11月23日～12月21日

○型　十足的浪漫主義者，擅長掌握女人心。不過，有時會考慮過度或耗費時間而錯失良機。爲了情人也會表現爲愛犧牲一切的態度。愛上這種人的女人也要有所覺悟。

▽型　從交往中慢慢體會其內在優秀的人。渴望在約會中享受二人獨處的時光。喜愛自然流露的肌膚之親。妳不妨表現適當的嬌靦。

□型　反應顯得遲鈍，總是慢人半拍的人。有時也會令旁人大爲掃興。因此，妳的追求也許無法立即傳達到他的心。應該更直接了當地表達妳的心意。當然，一旦心心相印之後是可以長久交往的人。

山羊座★12月22日～1月19日

○型　所謂的良識派、討厭標新立異的認眞人。帶有強烈的羞恥意識，因而鮮少以甜言蜜語攻陷女性。但交往之後會一步步踏入情網。妳的作戰極有可能獲勝。

▽型　心思細膩卻難以掌握其眞心的男人。對喜愛的人表現冷淡的態度，而對討

厭者卻又露出迎合的姿態。雖然是難以相處的男人，但妳必須積極地追求掌控主導權。

□型　認眞而踏實的人。確實遵守應盡的任務。對於雜誌或書本上所介紹的約會招式會確實履行。正因爲如此，碰到冒險的狀況可能會顯得畏畏縮縮。在這樣的情況妳不妨配合他的步調或不動聲色地帶頭主導。

水瓶座★1月20日～2月18日

○型　平時的言行舉止並不引人注目，但碰到他人有難時會挺身而出貢獻己力。個性誠實，因而討厭對長上奉承、阿諛的人。積極地找事情與其商量，讓對方瞭解妳是全心地信賴他。

▽型　雖具有誠意卻因自尊與任性的作祟，使得周遭者難以捉摸。體諒這種人渴望獲得認同之處而表示支持有益雙方的交往。如果妳能成爲他與周遭者的溝通橋樑，必能提高他的評價。

□型　自尊心高，乍看下顯得冷淡，但這是避免他人洞悉自己弱點的裝模作樣。

其實是內心善良的人。

理解這種人的善良，打開其心靈之扉。在妳的面前他一定變成率直而純眞的男人。

雙魚座★2月19日～3月20日

○型　欠缺積極性而難以結交朋友，但卻會重視爲數極少的友人。處事相當慎重。在性方面也是慢郎中，幾乎令人焦急難耐，但只要妳能適切的帶領而有親密的交情，絕不會被對方所背叛。

▽型　很難暴露自己的眞心而難以捉摸。喜好獨自逍遙自在地過活。任何事都三思而後行。似乎討厭被人干涉。妳的追求方式必須帶有震撼力，才能打破他的窠臼。但也有可能令其感到困擾。凡事都應以誠待之。

□型　周遭有令其起勁的事，則顯得活潑快活，但若有所牽掛，則陷於沉默或顯得焦躁不安。感情隨時呈現在表面而顯得任性。與這種人談戀愛必須有相當的耐性。如果在交往過程中不能適切地發洩內心的鬱悶，也許突然間會爆發開來。

血型的神秘③ 血型別辦公室戀情術

★A型和A型

生活步調一致，則萬事OK。

基本上同血型的拍檔給人的第一印象並不差。但是，A型是生活態度一絲不苟的人，恐怕會因細微末節起衝突。彼此可能過於堅持己見而鬧僵了。

★A型和O型

由友情發展爲戀情的典型組合。

A型是O型最理想的對象。

如果上司是A型人，O型的女部屬對於A型顯得牢靠、富責任感的特質特別心動。

不過，A型如果沒有表示對O型的體貼，恐怕會遭受誤解或挑起無謂的猜忌心。

★A型和B型

交往的關鍵乃是徹底地把對方當成談話的對象。

雖然在生理上並不欣賞對方，卻

是最佳的談話對象。B型擁有豐富的話題且滔滔不絕，A型雖然可從中獲得樂趣，但漸漸會發覺無法和B型的步調一致。再者，當B型出現背信的行止時，會漸漸對其產生不信感。

★A型和AB型

AB型在A型眼中似乎是個予取予求的人，因而很容易相處。但如果A型欠缺體貼，AB型會主動離開A型。雙方是否合得來乃取決於A型的顧慮。

不要被AB型表面上的行爲所左右，是否能以體貼的心去理解對方的心理乃關鍵所在。

★O型和O型

雙方都具有社交性，擅長與人相處，肯爲對方全心付出。不過，問題乃在於何者能充當忠實的聽衆。

★O型和B型

O型是理論型的現實派。而B型是憑直覺行動的非理論派。依據現實再採取行動的O型，對B型人而言是值得倚賴的人。

在O型眼中，B型率然自爲的行止並不礙眼。其中所產生的激烈爭執、對抗乃是感情好的證據。

★O型和AB型

對於渴望有一位值得倚賴的領導者的O型而言，也許會熱戀其中。但B型任性的舉止只讓O型感到混亂。

也許當做志同道合的朋友或工作伙伴，加強彼此的協助關係才是良策吧。

★B型和B型

B型一旦愛上某人即一往情深，但兩者並不擅長羅漫蒂克的演出。

若無特別的機緣，B型兩人並無法爆發愛情的火花。

糾纏中會發現彼此有多數共通的觀念，因而給人的感覺是無所不談的親賦知己。

★B型和AB型

強者的AB型在B型之前顯得逍遙自在。

相反地，B型雖然認爲AB型行止特殊，卻深受吸引。

唯有B型積極的追求才能成爲最佳拍檔。AB型若過於任性，會使B型感到厭惡，因而這樣的組合全靠AB型的態度決定其未來。

★AB型和AB型

在工作或研究方面是最佳的協助關係。

但頻繁接觸也難以感覺愛情方面的魅力。

女性希望富有男子氣概的男人成爲自己的伴侶，而男性理想的對象是率直、誠實的女人，因而彼此無法達成交集。

但若是工作或學問上的話題，卻是其他血型無法相提並論的理想協助關係。

4

與不投緣者相處的智慧

瞭解血型及看清人際關係

有不少對人際關係的繁複、詭譎感到煩惱。事實上有這樣的煩惱是理所當然的，因爲，任何人際關係幾乎都交絡著不可思議的「糾葛」。如果有十人左右的聚會，無形間必會分成三、四人組成的小團體，這種傾向不正象徵了人際關係的複雜嗎？不論學校、職場同樣都有人際關係的困擾。

但若以血型來分析人際關係中各種投緣性，會發現許多有趣的事實。

舉例而言，同一血型者一起工作可能會有好的表現，但不同血型者連袂處理公事也有可能獲致成功。

有一份針對在法國里昂工廠工作的勞動者所做的血型組合研究報告，這報告是根據各個勞動者的血型，調查工作效率最高的血型組合。

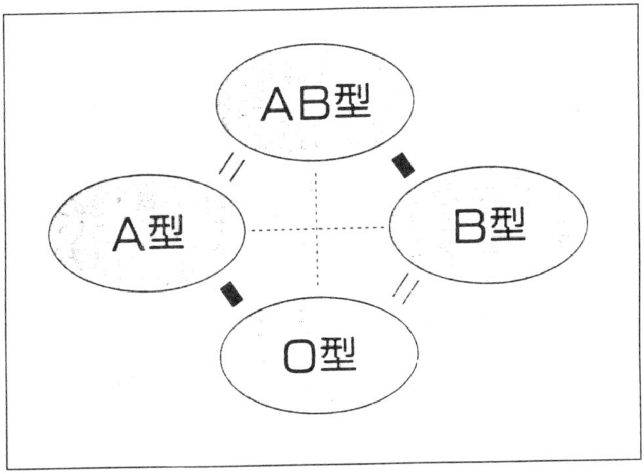

左圖是圖解血型的投緣性。

用粗線連接的血型類組是相當投緣的組合。這種組合能彼此理解各自的優缺點而步調一致。相反地，用虛線連接的組合，是難以彼此理解的人，這種組合會因小事起衝突、意見不合，無法成事。

而用兩條平行線連接的組合，個性雖然正好相反似乎不可能達成一致，但彼此卻是能互助的組合。這種組合彼此都能成爲對方的助力，但如果各自凸顯自我，會造成衝突而難以達成共識。

本章首先說明各血型與人相處的基本，接著再分析各血型彼此的投緣性。

與人接觸的方法——診斷篇

★A型不擅交際

你是非常內向或過於拘泥小事而造成孤立的人。無法和任何人處之泰然，無形中會將對人的好惡暴露在表情、態度上，你必定認為人際關係麻煩而複雜。

也許你以誠待人卻無法獲得他人的理解，或拼命努力卻被認為混水摸魚。對這樣的你，所必要的是不要忘記保持開朗的心境。在要求對方展露笑顏之前應自己主動露出微笑。

以樂觀的角度看待事物，用寬裕的心情與人接觸必會擴展你的人際關係。覺得心浮氣躁、鬱悶不快時，不妨在鏡前端詳自己。

再者，若能刻意帶著開朗的笑容談話，必會使你的人際關係變得融洽。

★O型喜好與人接觸

不拒絕他人的請求，做事迅速靈敏，給人的印象是開朗、擅於與人交際。深受衆人的喜愛、呵護，即使有一點過失也不受苛責。正是因你人品善良所致。永遠保持著兒童般的赤誠，如果感到悲傷或顯得痛苦時，周遭人必會驚訝而表示安慰。同事或年長者會把你當成自己的親人般疼惜。

不過，你必須注意不要過度倚賴他人、表現驕縱。

O型人的「善良」乃是面不改色地去處理他人所討厭的事。清潔的服裝、髮型使你更受人歡迎。

★B型有自我主張

有不與人妥協的頑固一面。覺得司空見慣的觀念或行止有點無聊。富有正義感，絕不為非作歹。

相當潔癖，絕不低頭。

因此，瞭解你的人會認同你的人品，但討厭你的人卻對你視若敝屣。

上司易主或改變工作環境時，可能會使你的不滿情緒增高。

你所必要的是，應去瞭解除了自己以外還有各式各樣不同想法的人。

過度對他人灌輸己見或鑽牛角尖，都有負面的影響。

即使覺得無聊，也應試著聽他人的談話。換言之，嘗試去發現成爲忠實聽衆的樂趣。

藉由休閒娛樂或競技運動和多數人交際往來，也有助於擴展自己的視野。

AB型是合理主義

擅長在人際關係中釐清界線的人。

爲了工作，縱然有所不快也會暗自忍耐，具備卓越的順應力，能和他人配合。

充分顧慮年長者或上司的感受，絕不做出惹人嫌棄的事。

不過，不會主動去迎合他人，而是基於工作的需要而妥協的合理主義者。

會明白拒絕所討厭的事，展現新新人類的一面。

不過，必須注意的是，即使和上司或同事相處融洽，但同一個工作環境裡有自己心愛的人、傾心的人，卻難以讓對方瞭解自己的眞心。

有時明白地表示自己的好惡，也非常重要。

清楚地劃分公事與私生活，若要他人表現眞心，則應主動地暴露原本的自己。

與人的接觸法——對策篇

★敞開心扉則易交往的A型

A型人非常在意自己在旁人眼中的形象，而對這方面也相當敏感。看見他人談笑自若也會誤解是否說自己的壞話。當被忽視、不被器重時，會產生強烈的被害者意識。

渴望伙伴，而在團體內才能感到放心的人。但A型人談話時周遭也許必須顧慮製造開朗的氣氛。

A型會確實遵守學校或公司所決定的事，但這也許正是禍源所在。

A型的朋友若要敞開心胸成爲莫逆的知己，必須耗費相當長的時間，但彼此理解之後則變成永遠的至交好友。尤其是A型和AB型在工作或學習上可能是彼此較勁的對手，但也可以在彼此激勵下成爲知己。

★容易心動的O型

認識O型的朋友會使生活變得開朗而多采多姿。尤其是對A型人而言，O型對事物的觀念或生活態度，在各方面都會造成正面的影響。

O型的觀念前進，能適切地適應旁人並積極地接觸嶄新的事物，但彼此的同伴意識過強，可能造成失敗。

O型和任何人都能相處融洽，朋友自然多。立即和他人打成一片，喜愛參與宴會或吃吃喝喝。

當然，缺點是很容易流於表面上的形式，沒有眞心的交往。

這種人會因工作而與人交談或出於無奈隨聲應和。

和O型的朋友若只有一、二回的交往，並無法產生友情。碰到困難或生病時，若有前來協助或安慰的朋友，即大受感動。

★和B型的接觸法

和B型交往時可能會有嚴重的爭執或認爲對方不瞭解自己。B型以外的人，剛開始都認爲B型人難以理解，是個標新立異的怪人。

而B型從不主動去迎合他人。充滿著自信渴望獲得認同或認定，應該能獲得賞識。

因此，和B型交往時首先應瞭解其優點。B型若發現朋友擁有自己所缺乏的長處，必會建立深厚的友誼。

B型的朋友通常是透過研習會、音樂或繪畫和B型結成朋友。這些朋友一定對B型的個性感到驚訝或從B型身上學習到許多。

★和AB型的接觸法

據說AB型的性格是摻雜著A型、B型、O型各種性格而顯得錯綜複雜的人。

誠然AB型的人除了AB型以外在他人眼中似乎是似懂非懂、難以捉摸。有時以爲AB型人和自己類似，卻又感覺有如南轅北轍。雖然會立即結交爲朋友，但心情一轉則表現冷淡或因爭吵而分手。

但和AB型的朋友久違重逢之後覺得相當親切。AB型會清楚地記得他人已完全遺忘的過去，令對方感到懷念不已。珍惜過去的回憶則可相處融洽的，就是AB型。

與人的接觸法——實例篇

★各血型女推銷員的待客法

從化粧品也可看出女性各自不同的嗜好。同樣地，不同的血型對外在的打扮也有不同的用心，有些人非常注重外在的形象，而有些人是抱持實用第一主義。

長年從事化粧品推銷業的H小姐曾研究、分析各血型者對化粧關心度。除了根據所拜訪人家的太太的血型提供適當的化粧法之外，也會根據其丈夫的血型判斷所喜愛的化粧方式而提供意見。

A型人喜好紅、翠綠、白、黃色而討厭紫色。清晰而鮮豔的顏色會使A型人顯得生氣蓬勃。A型不適合灰、紫色等黯淡的色調。

B型和A型不同，並不適合清晰的顏色。灰色、銀色、深藍、綠等顏色最適宜。

而AB型最適合金色、銀色、翠綠、綠等帶有高貴特質的顏色。

至於O型，除了黃、紫、綠以外的顏色都適宜。尤其是紅、象牙色最理想。

H小姐就是以上述基本顏色的嗜好為主，向顧客提供化粧品的建議。

拜訪A型女性時會刻意穿著紅或黃色系的衣服。A型顧客看見黃或紅的洋裝、裝飾品時似乎也渴望有類似的穿戴。

B型的顧客必須注意當天的天氣。不要在晴天、陽光普照的日子而刻意挑選陰霾的天氣。因為，喜好濃粧的B型情緒會因天氣而改變。據說帶有強烈時髦慾望的，是在陰天的下午。在夜幕正要低垂的傍晚前往拜訪推銷，幾乎都能馬到成功。

至於AB型的顧客由於渴望追求流行，因而到AB型女性家拜訪時會穿戴特殊的裝飾品或新製品。如果對方表現感興趣的模樣立即以禮相贈。

O型和A型、B型相較下是較容易推銷的顧客。情緒易受當天的氣氛左右，如果顯得不起勁時應盡早打退堂鼓。興緻盎然時通常連原本無意購買的化粧品也會大手筆地一併購下。

★店長和女服務生的投緣性

從事女服務生這種職業似乎會面臨相當複雜的人際關係。據說平均勤務年數是〇・六年（正好半年），可見這個行業是人際關係相當難以處理的職場。

除了必須適切地應對之外，還必須和女性居多的職場同事保持良好人際關係。擔任餐廳等餐飲業的店長必須有洞察人心的智慧。

擔任某餐廳店長的Y先生的血型是B型。在該業界他以擅長掌握女人心而聞名。每天一大早出勤到店內巡視並與顧客打招呼，乃是他一天的開始。

Y先生根據其經驗認爲從事女服務生的工作以O型和B型的勤務時間最久。因爲，O型顯得神采奕奕而B型也是幹勁十足。

B型的店長一大早會激勵大家：「各位早！今天我們打起精神好好地幹活吧！」據說每次都是O型的女服務生展露開朗的笑容點頭稱是，接著是A型、AB型的作業員。

當顧客走進店裡，O型會立即揚起開朗的聲音說：「歡迎光臨！」迅速地爲顧客奉上一杯水。整個餐廳的氣氛自然地湧現活氣。

而A型和AB型在無形中會受B型和O型所製造的氣氛所影響。本來態度消極連「歡迎光臨」也不搭不睬的A型，也慢慢地會配合著周遭的氣氛而開起了金口。

Y店長所抱持的信念是提高作業員的士氣必須以O型、B型爲中心人物，不要倚賴A型、AB型則能萬事亨通。而B型的女作業員也許是和自己同是B型的緣故，特別善解人意。B型對於不合道理的事絕不妥協，但一旦獲得信賴，則對B型的店長死忠貢獻己力。

★聰明計程車司機的血型別應對術

從事計程車司機的K先生懂得掌握乘客的情緒，在載往目的地的過程中絕不令乘客感到無聊。

K先生之所以變成乘客口碑極佳的司機，乃是血型研究的成果。他曾經想過：先詢問乘客的血型再從中尋找相對的話題與應對方式，也許會是個有趣的服務，這個觀念造就了今日的成功。

這位司機的血型是O型。他開始研究那一種血型和自己最爲投緣。據說最近他還可以根據在馬路邊揚起手招喚計程車的乘客服裝、動作或停車的位置立即猜中其血型。

舉例而言，在馬路邊招喚計程車的手勢因血型的不同也有不一樣的動作。

跑到車道揚起手招攬計程車的，幾乎是B型。B型乘客搭上車在車門尚未完全關閉時會立即指示：「往前走」。K先生會客氣地向B型乘客說：「對不起，這附近我不清楚可否告訴我怎麼走。拜託。」

如果車內打開著收音機會立即關掉。正在抽煙時立即掩熄煙蒂。因爲K先生認爲B型渴望在計程車內趁機休息。

不清楚是否揚起手來招喚計程車，直到趨車前去才揚起手的，通常是A型。搭上車之後並不會立即告訴前往的地點。雖然爾後會客氣地說：「請載到○○○」。但對K先生而言A型是最麻煩的顧客。

A型乘客會爲一點小事動怒或發牢騷。即使當場並不直言卻會在事後多番指責。面對這樣的乘客，K先生並不主動開口搭訕，除非對方先聊起來。雖然會具實地回答乘客所問的事，卻不多嘴多舌。而當乘客所談的內容並不正確，也會回答：「是啊，您眞清楚啊！」A型乘客只聽到這句話就覺得得意。

在大馬路的轉角處等容易停車的位置招攬計程車的，通常是O型。換言之，會顧慮計程車司機的方便。O型乘客搭上計程車話題特別多。打從「今天好熱啊！」的閒話家常到各自的問題等等。O型乘客坐計程車時會抽煙或嚼口香糖，因而K先生會準備O型乘客的口香糖、糖果。

AB型的乘客多半會貫徹吝嗇精神，專找捷徑以便廉價利用計程車。因此，K先生會注意碼錶的跳動。在道路擁擠時會盡量讓顧客感覺正努力著儘早開往目的地。

★無肇事記錄是利用血型做人事管理的成果

S先生是某建設公司的工廠現地監工。今年四十歲。在建築工地常有意外事故發生，唯獨這個人在場的工地持續無事故的記錄。因爲，這也是根據血型安排工作的成果。

S先生自己是A型，自覺會對細微小事挑剔的毛病，因而誡慎自己不要做無謂的牢騷。尤其特別注意對待B型的部屬。

如果想要對B型有所指責時，並不直接開口。他會要求O型人代爲叮嚀。即使B型員工遲到也不抱怨。所有的指責、抱怨完全委任自己最信賴的O型部屬。O型最瞭解A型的感受，而B型對O型的指責也不會感到排斥。

O型會若不經意地告訴B型：「怎麼每次都遲到？以後注意一點！」

但A型的S監工在讚美時則不委任O型部屬。他會主動地告訴對方：「你做得眞好！因爲有你才辦得到！」平常在工地鮮少開口的A型監工，會以溫柔的言語讚揚部屬，自然會令部屬們認爲是通情達理的好監工。

這位A型的監工在工作上信賴O型，私底下一起用餐、飲酒。與O型私下的接觸是爲了從其口中探聽職場的氣氛，或作業員們平常的不平不滿。

S監工碰到中秋、歲末等時節，會親自拜訪O型部屬的家並贈禮。O型部屬的妻子若對S監工感到滿意，O型部屬會對妻子言聽計從。而這位妻子平常則會叮嚀自己的丈夫要盡責效忠，不要背叛A型上司。

不過，若是和自己同樣是A型的部屬，則邀請到家裡共餐。因爲A型人自覺受到上司的賞識遠比接獲贈禮更感到振奮，而士氣高昂。

碰到私人的問題時，會刻意請求A型部屬代勞。AB型的部屬一聽到私人事物會發牢騷，但A型卻會覺得自己特別受到賞識而不引以爲意。甚至只要是S監工的問題，赴湯蹈火也在所不惜。

另外，對於工程的進度或施工的方法等，會隨時詢問資深的AB型部屬。向AB型詢問從前的狀況做爲現今的借鏡，可以滿足AB型人的自尊。

S監工每天實踐依據血型別管理部屬的方法，永保無事故的記錄。

★依血型別判斷患者和護士之間的投緣性

醫院人滿爲患而候診室一片混雜。這時如果遭受無心的對待會令人覺得不快。但患者畢竟處於弱勢立場，並無法向醫師或護士發牢騷。

其實對醫師或患者而言，護士的血型非常重要。因爲，可以藉此瞭解掌握其情緒的要領。

A型護士似乎多半對自己的工作或職務帶有自尊心。尤其是碰到護士長級的護士，患者不但要注意言詞上的禮貌，還必須遵守所被交待的事。如果獲得其信賴，會得到A型護士的親切照顧。相反地，遭受嫌棄時恐怕會被作梗，甚至不得不轉移醫院。

B型的護士屬於野心家。渴望開拓知識，也具有強烈的出世願望。雖然是職業婦女卻賣命地渴望在工作上有所發揮。當這個慾求引起禍端時，恐怕會在職場的人際關係中形成孤立或樹大招風。在驗血或量體溫時，顯見地機伶能幹。即使沉默寡言，卻對工作帶有責任感。主治醫師如果有一個得力的B型護士爲助手，在醫務方面相當有幫助。

AB型的護士是最像護士的人。具有犧牲奉獻的精神，爲了患者會表現南丁格爾的眞

誠。覺得心酸時不妨找AB型護士商量。不過，AB型是最難以掌握性格的人，有時永遠也無法和AB型的護士打從心底地變得親密。不過，AB型的護士獲得贈禮時比任何人都顯得快樂……。

外表顯得溫柔且親切的是O型的護士。但以爲其親切而凡事請求代勞時會有麻煩發生。即使言詞和善卻可能內心感到厭煩，會因當天的氣氛判若兩人。所以必須小心謹慎不要惹惱了她。

當O型護士顯得生氣蓬勃又話多時，會輕易地接受他人的請託。和A型患者最爲投緣。O型護士最擅長聽患者的身世。似乎也有不少人渴望患者聽聽自己的煩惱。

★依血型觀察醫生的特徵

細心洞察患者感受的醫生最得人緣，而忽視患者心理的醫生則令人敬而遠之。

當謠傳：「覺得和○○醫生聊聊天身體病痛全不見了。」或「○○醫生非常親切。」該醫生掛牌的日子，醫院的大廳必擠得水洩不通。

而遭受指責最多的是B型的醫生。B型醫生會對患者大聲怒吼或對病症過於深入說明而造成患者誤以爲自己得了癌症。據說使用聽診器也顯得粗暴，鮮少展露笑容。

越具有實力的B型醫生越受患者討厭。因爲，這種醫生對患者的病情直言不諱而使患者感到恐懼。與B型醫生相處之道乃是給予讚美。B型醫生受不了他人的讚美，因而只管開口閉口叫對方「名醫」或表現倚賴的態度。

至於O型醫生會令患者感到安心，但疾病卻難以回復。雖然告訴患者「沒問題」，病情卻毫無起色，或雖然是胃部疾患的專家，對呼吸器系的疾病卻一無所知。

A型醫生態度溫和、沉默寡言但卻能給任何患者覺得安全感。不過，A型醫生的人緣關鍵乃在於充當助手的護士。身邊的護士顯得伶俐乖巧，會使A型醫生帶有權威、値得信賴。

而風評最好的是AB型的醫生。AB型多半是能掌握配合患者性格、人品的要領。站在對方的立場爲對方設想，如果患者是老年人，則有如兒子的心情給予安慰、鼓勵。若是家庭主婦，更會細心地指導其飲食法、服藥方式。

所以，生病而必須找醫生時，血型也是您求診的參考。

★新企劃成功的血型組合

新店開張時最令經營者頭痛的是，該委任誰來主持店面或工作及人事安排。新開張的店有其最適合的「拍檔」、人際關係。有不少公司將血型運用在人事上而獲致成功。

首先一提的是，不論任何行業都無法自己經營的是A型。如果以A型做爲新店開張的責任者不僅令其煩惱不已，營業成績也一蹶不振。雖然A型原本具有實力又能發揮長才，但派遣A型做爲新店開張的負責人，恐怕三個月後會哀號求救，甚至變得神經衰弱。

A型並不適合這種特殊任務。對事物顧慮過多、處世過於慎重反而無法推展業務。

最適宜的是B型。對一般人認爲困難的事情會積極地挑戰，出現對手更會發憤圖強。做生意買賣時商店的責任以B型職員的功能最大。不過，新店開張時的B型若以投手做比喻，應是「救援型」。不要把他當成可以投完終場的投手。若做如此認定必會出現低潮而且成績會急速跌降。

承繼B型所開拓的工作並給予發展的是O型。O型可以彌補B型的缺點、缺乏的性格，發揮提高周遭信用的職務。

O型具有卓越的協調性，即使繁複的問題也能迎刃而解。不過，一開始即由O型人負責新店開張的經營，恐怕會像A型人一樣因思慮過多而帶著不安。

若是AB型，是屬於「重建型」，比起新店開張的經營更活躍於營業不振、跌落的危機拯救。AB型擅長調查前任者的失敗原因，從中研究而擬定適合自己的重建方式。如果採取讓B型執行AB型的構想的模式，成績更是斐然。

委任A型擔任開店的責任者時，借重B型的能力乃賢明之策。即使不喜歡B型人也應暫且睜一隻眼閉一隻眼委任B型的帶領。因爲，B型會對所做所爲發牢騷、抱不平，乃是最大的缺點。

血型的神秘④　這種人是那一型？

通勤巴士內熟睡？

A型人即使閉上眼養神也不會眞正熟睡。只不過想趁機休息神經而已。

有時討厭睜著眼東張西望而故意假睡。所以，絕不會睡過頭忘了下車。

而看似大而化之的O型人，在人潮中也無法入睡。如果眞的睡著了，一定是昨晚睡眠有問題。

以睡眠不足這一點而言，AB型人碰到睡眠不足則打起瞌睡。但還不至於熟睡的程度。

在通勤的電車、巴士上熟睡者多半是B型。這是典型的三心二意族，即使手抓住吊環也趁機睡覺。

感到睏意即呼呼大睡。

如果找到空位不到三分鐘即陷入夢境而睡過頭了。

無法拒絕他人的請求是誰？

有些人心地善良對他人的請求不敢說個「不」字。這種人經常吃虧且無利可圖。

最常見的這種類型是B型人。碰到他人哭喪著臉哀聲請求時，則無法拒絕，甚至輕易地應允他人的告貸，而且反覆數次遭遇同樣的失敗。

如果丈夫或情人是B型人，如果不擦亮雙眼則靠不住。相反地，若要找保證人，可利用B型的這個弱點則有求必應。前去請求不會造成損失。

O型人對損益得失極為敏感，具備強烈的警戒心，但如果被挑起天生所具備的「老大」氣質，也會意外地應允。

理性的A型人鮮少充當他人的保證人。但是，從調查發現，當有意為他人代勞時往往中了詐欺者的圈套。

AB型人絕不參與威脅到自己性格的事。

常有人會以「只借用你的名義」之類的請求來試探，但AB型人深怕一旦應允恐怕會背負償債的責任。

職場裡的告密者是誰？

非常喜愛打小報告的是A型的OL。A型OL帶有八面玲瓏的一面，有時不會顧慮所說出的話造成的影響而任意散佈。

AB型的OL也是經常打小報告者

。即使並無惡意也會無意間洩漏同伴的隱私。

在人際關係中相當小心謹慎的O型OL幾乎不會有打小報告的危險，因爲他們心理了然，如果話一出口必會遭受指責。不過，如果自尊心受到傷害必會尋仇報復。

B型OL對他人的事漠不關心。絕不會打小報告興風作浪的安全型。

維護暴徒侵襲的是誰？

一對情侶濃情蜜意地走在馬路上，突然有醉漢或人相兇惡的大哥前來挑釁。

依照這種情況，對女性而言如果身邊的男友會挺身而出保護自己，一定會對其刮目相看，並更加堅定彼此的關係。

以下就依血型來評估男人的信賴度。

A型平常雖然給人的印象並不強悍，但在緊要關頭如情人遭遇危難時，會突然表現英勇。

但這種轉變超之過度，倒令人擔心。

A型人動起怒來會不分得失耍起狠來，搞不好會傷害到對方。

雖然值得倚賴，卻有過盛防衛的隱憂。

B型男人在這方面並不必擔心。雖然也有鬥爭好強之心但面對能力相差懸殊的對象不會貿然挑釁。頭腦機伶具備化險爲夷的智慧。因而在緊要關頭既不會嚴重的傷害到對方也不會使自己受到傷害。

AB型人最討厭爭鬥，在這樣的狀況下會立即逃脫。

O型會立即擺出應戰的姿勢。自尊心強又富有正義感，一對一和敵人決鬥時特別英勇，值得倚賴。

5

適合與不適合的工作

利用血型占卜發現另一種才能？

「A型人是一絲不苟的安全主義者。B型人是具有獨特構想的行動派。O型人是活躍的領導者型。AB型人是冷靜而客觀的理智人。」

這類血型的性格判斷並不限定個人的層次，據說也應用在企業的人事管理上。

相信各位也聽過企業的經營者最常見的血型，或職業運動選手常見的血型之類的分析吧。

據說在一般的企業碰到安排新的企劃小組時，也會根據血型的基本性格判斷，做人選的依據。

一般人都以爲自己本身最瞭解自己的能力或適性，但事實上有許多狀況在他人看來相當牽強。

這乃是自己和他人的評價有相當出入的緣故。

因此，在工作上必須能客觀地瞭解自己本質上的性格。

而瞭解商業往來的對象或職場的上司、同事等性格資料也有極大的幫助。

在此不只根據血型，並附加十二星座的分類，以便更詳細地占卜你的工作運。

也許你可以從中發現自己未曾察覺的才能。

選擇適合自己的職業，才能造就成功的未來。

閱讀本章之後，請務必掌握邁向成功之道。

A型的工作運

牡羊座（3月21日～4月19日）

活力充沛的你，會自己訂定目標並勇往前進。尤其是處於進攻的立場時，會發揮超越實力的能力，成爲團體內的領導者而大爲活躍。也有可能變成居高臨下的主腦人物。趕上時代潮流甚至本來不擅長的工作也能獲致成功。

缺點是不擅處理突發狀況，一旦經驗挫折則變得脆弱。在這個情況下會漸漸流失牡羊座原有的決斷力。

你應該抱持「重振旗鼓比比皆是」的勇氣，不洩氣、不氣餒才能掌握成功。

適職是新聞採訪人、美容師、職業運動選手、爵士舞蹈家、企劃人。

金牛座（4月20日～5月20日）

鮮少積極地在人前表現自己，但具備卓越的事務處理能力，既正確又精簡。你最適合的是可依自己的方式踏實地工作的職場。不適合外交或營業等效率第一主義的職場，或繁忙躍動的部門。

數字能力強，也具有金錢觀，在會計或總務部門應可發揮才能。最好能取得公認會計師、稅務士等的資格。也是能幹的秘書、值得倚賴的助手。

在特殊的分野上也可考慮發揮天生才能的藝術業。譬如，料理研究家、雕刻家、設計師、音樂家、儀態指導家。

雙子座（5月21日～6月21日）

可以說是生活在情報化社會的現代人類型。腦筋靈敏、睿智的談話深具魅力。同時具備迅速的行動力。與其擔任團體的領導者，毋寧以個人身份從事聯絡人與人之間的橋樑性工作。

討厭因循老套的工作，因而在工作上懂得如何安排遊戲的心。開朗的話題及時髦的玩笑會使工作運節節上升。

這樣的你，大顯神通的是播音員、採訪員、司儀、文字記者、廣告相關的工作。若渴望在國際社會大展神通，則可朝翻譯、導遊或外交官的方向努力。

巨蟹座（6月22日～7月22日）

適合從事活用天生具有的善良、奉獻精神的工作。受到衆人仰慕的你，會以服務他人的工作爲天職。再者，具備統御群體的領導者資質，在倚賴小組活動的工作中必能成爲衆望所歸。

不過，缺點乃是感情用事。請注意不要公私混爲一談。

獅子座（7月23日～8月22日）

適合擔任協助老年人或幼兒等弱勢團體的護士、幼稚園的老師等。而且味覺相當發達，也適合從事廚師或營養師。有志成爲實業家者，則適合經營旅館、飯店、餐廳等。

A型
巨蟹座

行動果決經常掌握領導權的人。具備身爲老大的素質，最理想的是在衆人之上發揮領導者的能力。即使創業維艱但儘早鞏固地位乃是成功的捷徑。由於自尊心強無法滿足與周遭同一步調處理工作的狀況。唯有成爲焦點所在才能發揮最高的潛能。

不過，必須注意的是，如果自我主張過強恐怕會四面樹敵。

若能在演藝圈找到合適的工作，必能使你的才華發揮極致。

若渴望在實業界功成名就，則應從事寶石、毛皮、和服等高級品的經營。

處女座（8月23日～9月22日）

具備確實的觀察力、處理事物的才華及分析能力。從事實務性的工作必可發揮才能。由於能正確且順利地處理工作，極獲同事、上司、客戶的信賴。在團體組織中發揮才能，遠比自創事業較有前途。

具備優秀秘書的資質，對細微瑣事掌控自如，若能稍微紓解神經質的一面，應有一番大作爲。從中必可產生自信。

職業方面適合調查、研究、分析、編輯的工作。適職是稅務員、會計師、調查員、評論家、編輯、秘書等。

天秤座（9月23日～10月23日）

在任何分野上都能表現恰如其份的工作態度。雖然能力超過一般人，卻沒有特別引人注目的地方。二十年代後半才有工作的機會。決定放手一搏時應該選擇這個時期。儘早開拓專門的技能才有成功的未來。追求地位、名聲而慢慢發展能力的人。

活用天生具有的美感品味，從事流行業、美容業、設計師、模特兒等工作都如魚得水。且具社交性，應可在服務業功成名就。

天蠍座（10月24日～11月22日）

感受性敏銳，對精神面或形而上的事物感興趣。具備卓越的集中力、直覺。但基本上社交手腕略遜一籌，不擅長與衆人交際往來，雖然不能適切地表現自己，但隱藏在內心的是激烈的熱情。

適合這樣的你的職業是，醫師、藥劑師、檢驗師、作家、調查員、占卜師等。在組織中必須努力地與他人配合。

射手座（11月23日～12月21日）

這是富有強烈的知識慾且能享受工作樂趣的人。個性率直、坦白因而有多數擁護你的人，才能必可漸漸地發揮。

適職是能表現這種人的追求力、崇高精神面的法學家、學者、宗教家、作家、編輯等。擴展國際事業而從事通譯、翻譯或與海外情報、旅遊相關的工作也適宜。運動神經發達的人可朝職業運動選手、運動指導員、登山家等發展。

山羊座（12月22日～1月19日）

這種人較適合決定一項工作做爲生涯職業，不要做各種不同的嘗試。可以說是最適合成爲專家的人。你認眞的努力，經年累月後必獲得成果。即使是遲來的掌聲也一定會造就一番大事業。

我行我素的你，不適合盲目追求流行或從事耀眼的工作。重視傳統的工作必可開拓

A型、山羊座

你的天地。由於不愛受人差使也不願差使他人，因而應慎選人際關係簡單的職場。

職業上適合醫師、藥劑師、科學家、建築師、不動產業、古董店、陶藝家、才藝教授（花道、茶道等）。

水瓶座（1月20日～2月18日）

水瓶座中最能運用A型的氣質與組織配合的人。對人感興趣且重視人際的溝通。具備獨創且特別的構想，擁有發明、發覺的才華。

不過，在氣氛古板的職場內無法發揮能力。譬如，公家機構等會令你感到窒息。環境、尤其是能否獲得上司的賞識乃是成功的關鍵。

你也應努力地讓他人理解自己。

從事服務業尤其是待客業，應可獲得極高的評價。不妨朝空中小姐、流通業、廣播關係等行業發展。此外也適合擔任心理學家、顧問、占卜師、攝影師。

雙魚座（2月19日～3月20日）

追求夢想與理想並付諸實行的人。同時具有體貼及善良的心。如果能從事運用天生具性格與直覺能力的工作，必可發揮卓越的才華。

務必選擇可以做爲生涯事業的專門性工作。你的生活承受周遭環境的影響，若處於半調子的立場是危險的。有時應該以毅然決然的態度明確地表白自己的意志。

你應可在服飾設計師、舞蹈家、攝影師、音樂家、小說家等藝術方面的領域或護士、褓姆、社會福祉相關的事業中活躍舞台。

O型的工作運

牡羊座（3月21日～4月19日）

牡羊座在任何工作上是各星座中最能幹的人。當然，不久必可爬上巔峰。不論男女都具有冒險及追求刺激的傾向，適合具有變化的工作。不願向人低聲下氣，因而處於差使他人的立場較能發揮才華。

這種類型的女性能掌握領導權，較適合在中小企業服務。也可朝獨立創業的方向發展。

金牛座（4月20日～5月20日）

職業上適合傳播媒體業、美容師、職業運動選手、發明家、演藝人員、經營者。

富有強烈的責任感，絕不擅自變更目的。窮究一生努力完成一件大事業。雖然有時會感到迷惘或有出軌的念頭，卻不會有太大的變化。

不適合要求速度的工作或變化多端的職種。較適合鐵杵磨成針的工作。天生具備卓越的美感、擁有藝術才華，因而應該學習某些技術。拓展交際範圍是工作的推進力。

適合你的職業是畫家、寶石或裝飾品相關業、化粧品相關業、銀行員、造園、廚師、歌手、設計師等。

雙子座（5月21日～6月21日）

腦筋聰穎又機伶的你，適合從事具備速度感的工作。整天束縛在辦公桌的工作無法發揮你的才華。但自創事業卻也不容易。

盡可能安身於組織業從事能自由發揮工作能力的工作。或者在正業外也兼做副業。富有創意及社交性的你，應可及早獲得聲望與地位。

適合新聞記者、媒體相關行業、通譯、導遊、空中小姐、播音員、營業員、貿易相關的工作。

巨蟹座（6月22日～7月22日）

巨蟹座的特徵是具有模仿的才能。此外還有創造性的才華。因此，即使剛開始模仿他人，遵循他人的步調，總有一天應可發揮你天生的個性，創造新的事物來。

深獲衆人憐愛的類型，極可能和身份、地位極高的人交際往來。因此，可能獲得這些人的提攜、援助。

靈巧而多才多藝的你，可在各種分野上大爲活躍，其中尤以飲食業、生活指導員、室內設計師、手藝家、社會福祉關係業、幼稚園老師、童話作家等與生活密切相關的行業較適合。

獅子座（7月23日～8月22日）

天生具有在衆人前表現自我的運勢，在人群中毫不畏縮的你，唯有在衆人之上才能發揮實力。雖然三心兩意對其他工作也感興趣，但應專心投入原有的工作。

從事爲人抬轎的工作或不起勁的工作，只會積壓你的鬱悶。唯有肩負重大責任及感受強大的壓力下才能展現光輝的人。

職業方面適合模特兒、影視明星、設計師、媒體相關業、從事有關流行的企劃的工作。也適合從事經營寶石的職業。

處女座（8月23日～9月22日）

具備超然批判力與分析力的你，適合從事研究或調查等細緻的工作。在要求正確無誤且細膩的工作上，能發揮實力的安全主義者。雖然也具備從事文藝等藝術性工作的才能，但較適合評論家而不要走作家的路。因爲，稍欠創意卻具有敏銳的批評、分析能力，而且精確無誤。

若在組織中最好身爲輔佐或基層幹部，遠比在外闖蕩較能發揮實力。可能獲得長上的提攜與信賴。

適合從事會計等事務相關工作、秘書、教師、評論家、研究家、通譯、醫師，在科學的分野上也能發揮才幹。同時也具備處理電腦、文字處理機的能力。

O型、處女座

天秤座（9月23日～10月23日）

討厭與人爭鬥，重視人際關係，並擅長處理工作。應該選擇工作的內容而非求取聲望、地位、錢財。但並非工作第一主義者，絕不會爲工作拼死幹活。因爲，不會犧牲自己的樂趣而勞動。

話雖如此，卻也不消極，可稱上恰到好處的社會人。從事安定的職業而過著充實的生活。

適合流行服飾業、美容師、化粧品相關的工作。也可從事處理金錢的工作，如銀行員或會計師。

天蠍座（10月24日～11月22日）

不能適切地表現自己也無凸顯自己的慾望，因而能力難以獲得肯定。不適合居高臨下的工作。同時也不是適合被差使的人。但會憑強烈的好奇心以頑強的耐性落實地處理工作。

深受懸疑之謎所吸引，喜愛調查、探險。這種傾向不僅是個人的興趣遊樂，也可發揮在工作上。

適合這種個性的工作是醫師、偵探、探險家、考古學家、占卜師、觀光相關業。

射手座（11月23日～12月21日）

喜好速度與變化，且具有國際意識。反射神經敏銳的自由人。與速度相關的汽車或飛機、火車等交通工具結緣。因此，成日坐在辦公桌的工作必感到索然無味。在外闖蕩的工作必能一展長才。

具備同時處理兩種不同工作的能力，但缺乏計劃性且容易生厭。會輕易地變更計畫或工作，因而在行動之前必須慎重的思考。

適合貿易相關的業務、通譯、空中小姐、海外旅行家、插畫家、宗教家、模特兒、媒體相關業。

山羊座（12月22日～1月19日）

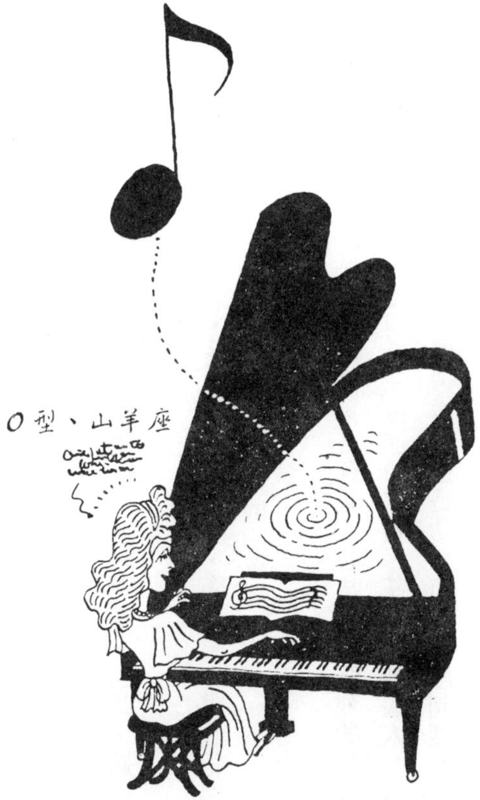
O型、山羊座

適合專注投入某項工作，進行深入調查或要求正確性的工作。若能長久持續這類工作必能發揮你的才華。這種人是屬於大器晚成型，因而必須花時間磨練。有時旁人已可獨當一面的工作，你卻還在學習中的階段。但絕對不可焦急。

對自己或他人相當嚴苛，使人際關係變得複雜乃缺點所在。因此，適合獨自闖蕩的工作。

職業方面可考慮書法家、音樂家、花道或茶道老師、陶藝家、電腦相關業等。

水瓶座（1月20日～2月18日）

思考及行動獨創且進步，極受衆人矚目。富有個人品味且具強烈的自我主張，也許因而不受上司或長上的賞識。但極獲同事、後進的信賴，甚至是某些人心目中的偶像。

你無法忍受不能表達自己意見的職場，或注重長幼、前後秩序制度的公司，唯有自由且能發揮實力的工作才能展現你的才能。

適合你的職業是演藝相關業、播音員、設計師、攝影師、教育家、顧問、占卜師、詩人、電腦相關業。

雙魚座（2月19日～3月20日）

具有敏銳的靈感，頭腦聰明、富有創意。若時機來臨且能順應潮流，必可發揮長才。不適合反覆單調事務的工作。較適合活動肢體的工作，不適宜靜待在辦公室內。忌諱從事必須算計、展開拉鋸戰的職業。

生性溫和、體貼，適合傳授他人技能的工作。若朝藝術方面發展更能發揮你敏銳的藝術感。因而也建議你在國外求學。

適職是兼具興趣與實利的音樂相關業、舞蹈、舞蹈家、雕刻家、畫家、占卜師、手藝家、顧問、教師等。

B型的工作運

牡羊座（3月21日～4月19日）

富有實行力、獨創性且頭腦靈敏的得天獨厚者。同時擁有完整的論理性思考能力及卓越的判斷力。

天生資質這麼優秀，自然在任何工作上都可蓬勃發展。重要的是選擇可以積極地試煉自己能力的工作。而能活用你的資質者以媒體相關行業最適宜。

雜誌記者、新聞記者、採訪者、電視司儀、各種顧問等必須有廣泛知識的工作，乃是你活躍的舞台。

金牛座（4月20日～5月20日）

處事按步就班具有條理，而乍看下顯得冷淡的人。所謂「衆人皆醉我獨醒」，在周遭一片混亂中能做準確判斷的人。這乃是社會上一般所謂的「聰明人」。

適合以智慧、冷靜爲必要條件的職業。處事相當慎重，鮮少出差錯，但有時也應該斷然地做一番冒險。

醫師、藥劑師、衛生技師、教師、褓姆、建築家、律師等爲適職。

雙子座（5月21日～6月21日）

獨特的個性是魅力所在，構思、創意有如天馬行空地膨脹的人。從事平凡的工作既無法感到滿足也難以發揮難得的才能。與其在狹小、限定的職務內工作，不如追求可以自由且活潑展現才華的世界。

獨特的個性與敏銳的感覺應可在新聞業界大展鴻圖。這樣的你應該可以發揮掌握時代潮流的感性。

適合從事作家、腳本家、翻譯家、攝影師、唱片製作人、藝術製作人等職業。

巨蟹座（6月22日～7月22日）

這種人會因婚姻而掌握難得的運勢，而非從事特殊的工作或發揮個人的資質所致。天生具備家庭觀且受衆人信賴。這種人的溫柔與順應性，在婚後會發揮的淋漓盡致。如果捨棄婚姻而渴望發揮自己的才能，以工作做爲一生的職志一定會有障礙出現。不論是相親或戀愛，因爲你的結婚必可增強你的魅力。

不論從事任何行業，你的體貼與細心將給周遭者帶來安適感。

獅子座（7月23日～8月22日）

討厭對他人言聽計從，擁有自我生存理念的人。即使喜歡某個男性也不會立即渴望結婚。倒是希望能以自己工作爲中心過生活。

結果通常成爲年幼男性眼中的大姐或與低齡的異性結婚。碰到心酸或傷心的事反而對工作發憤圖強，絕不在人前表現弱點。這個星座的人有早婚者和享受單身貴族生活的

那一邊
好呢？
B型
獅子座
工
作
早
婚

兩極端化。

最適合以實力取勝的推銷業或經營餐廳、飯店、流行服飾店等。

處女座（8月23日～9月22日）

可以兼顧工作與家庭生活的人。婚後若持續工作應可拓展財運。不論在家庭或職場內，極重視保持融洽的人際關係，能夠確實地執行應盡的職務。而且你得天獨厚的好性格使你擁有許多能理解你的人。

建議你，開拓自己的知識與技術。藉由經驗的累積慢慢地在工作上獨當一面。

適合教師、公務員、社會福祉相關業、會計事務等嚴肅的工作。

天秤座（9月23日～10月23日）

具備卓越的均衡感。頭腦機靈、處事伶俐敏捷，處理事務的能力無與倫比。

這樣的你，若能習得專業的知識或技術，可謂如虎添翼。你應可充分地發揮才能。天生是聰明又努力的人，應可儘早取到所想要的資格。

適合擔任護士、速記員、雜誌記者、編輯者、警官、按件論酬者、教育顧問、管理營養士、食品衛生管理者、律師、檢察官等職業。

天蠍座（10月24日～11月22日）

可以期待在社會上活躍舞台的人。具備美感且表現力豐富，這種人通常擁有吸引人的容貌。

具有社交性，可能因他人的贊助而獲得重大的工作。兼備語學才華，若能從事能發揮這些能力的工作必有成就。

室內設計師、花道或茶道教授、電視明星、流行服飾相關業、通譯、導遊、空中小姐、翻譯家等爲適職。

射手座（11月23日～12月21日）

處事敏捷伶俐且發揮女性特有感性的人。從事輔佐性的工作可以發揮才幹。

但不論所從事的工作多麼令人欣羨，一旦有喜歡的對象，則斷然地放棄工作而決定走入家庭。討厭半途而廢，對自己所決定的事渴望全力以赴的人。縱然掌握財運或從事深得旁人讚賞的好工作，最後仍然會選擇「愛情」。

適合從事展現女人味的空中小姐或秘書等職業。

山羊座（12月22日～1月19日）

能發揮一般人所缺乏的專業知識或技術的人。因此專心投入自己的專長，且從發揮專長中感到喜悅，通常沉迷於工作而不追求婚姻。渴望結婚時通常已年歲一大把或心愛的人已有妻室，往往錯失良機。

但在自己所專門的知識上累積研究，必能成爲你一生的財富。

這種人適合的工作是通譯、電腦相關業、藥劑師、醫師等。

水瓶座（1月20日～2月18日）

通常是從興趣發展爲工作，或因卓越的美感成爲財路來源的人。

因此，不必思考選擇工作或家庭與否，儘管從事自己想做的事即可開拓運勢。不妨

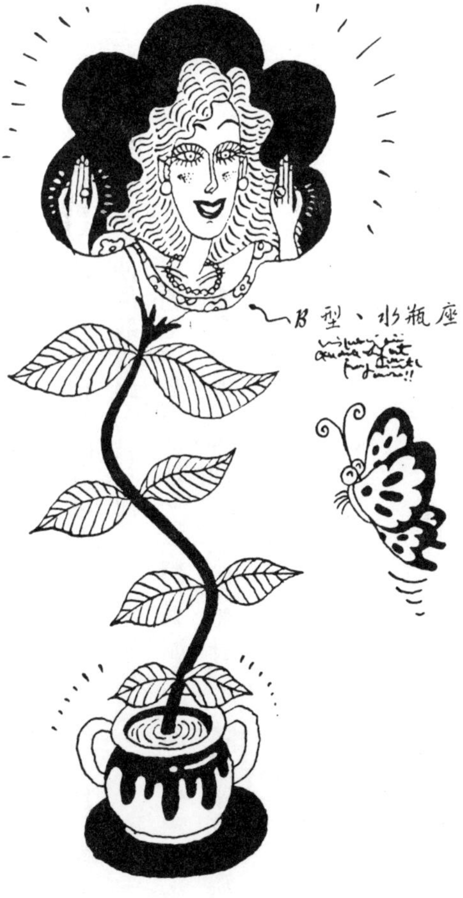
B型、水瓶座

學習已往感興趣卻難有機會接觸的事物。婚後也能發揮興趣的人。

尤其從事手藝、裝飾品、繪畫、陶藝、料理等工作，往往不計得失而全心投入。

雙魚座（2月19日～3月20日）

這種人具備廣泛的美感與才能，且具相當的順應力。擁有藝術天份，且直覺力、幻想力豐富。加上超塵脫俗的氣質使你散發出一股甘純氣息而深具魅力。

如果選擇能充分發揮個人資質的工作必可成功。最適合嚴厲之中潛藏夢想的工作。例如插畫家、卡通製作者、花藝設計師、編曲家、服飾設計師、各項盛會主辦人等都適宜。

AB型的工作運

牡羊座（3月21日～4月19日）

頭腦聰明且富行動力，處事伶俐敏捷的幹才。在充滿變化與競爭的工作，而能掌握領導權的環境下必能發揮你的能力。與其對他人低聲下氣，不如自創事業或在中小企業尋求活躍的舞台。

若能活用開朗而活潑的性格，適合從事與多數人接觸的工作。因你精力充沛的幹勁，任何工作在你手上必處理的妥妥當當。

適合成為政治家或從事變化多端的出版、媒體相關業或廣告業、文字記者、宣傳員、企業經營顧問、製作人或可自立更生的美容師、演藝人員、經營者、運動選手等。

金牛座（4月20日～5月20日）

富強烈責任感，且爲自己的理想闖蕩的你，屬於追求適合自己工作的人。充滿藝術才華又有卓越的美感，若能善加活用而身懷特殊技藝必有所成。

處理工作雖然正確卻稍嫌緩慢，因而最好選擇適合與自己優雅且逍遙的性格搭配的職場。誠實地處理工作乃是成功的秘訣。

活用具備的天份從事設計師、插畫家、鋼琴教師、作曲家、畫家、聲樂家、歌手、發揮美感的服飾製造、化粧品相關業、流行服飾相關等職業，必可成爲此道的專家。同時也適合必須具備認眞而踏實個性的銀行員、會計事務等工作。

雙子座（5月21日～6月21日）

頭腦靈敏兼具實行力、獨創力的你，具有掌握時機的才幹。天生具備外交手腕、商才、會話能力及表達能力。但缺點是耐力不足容易生厭，因而不適合過於單調的工作。

活用擅於說服人或文章表現、好議論且通情達理、研究心旺盛等自己的特性，必可

多多指教
通譯
你好
AB型
雙子座

成功。似乎通常具備語學的才能。

適合這種人的工作有新聞記者、採訪者、出版或媒體相關業、學者、律師、事業家、通譯、導遊、空中小姐、營業相關業、貿易相關業、商社服務等。

巨蟹座（6月22日～7月22日）

誠實又富責任感且具備卓越的記憶力。對工作的領悟力高，在各種分野上都可能成功。尤其擅長模仿且能創新求變，這樣的才華必可受到注目。再者，廣結善緣且有貴人相助，可能因長上的垂憐或身份地位高者意外的提攜而擁有難得的職位。

天生多才多藝，處理任何事都遊刃有餘，但在工作中鎖定目標全心投入於某一件事物較能成功。

適合的工作有編輯者、大眾小說作家、童話作家、生活雜貨製造與販賣、室內設計師、飲食相關業、褓姆、社會福祉相關業、生活評論家、手藝家、服務業等。

獅子座（7月23日～8月22日）

富有斷然的行動力且具創意的人。婚後持續工作乃是幸福的抉擇。累積工作經驗而成爲衆人的領導者才能展現能力。不適合從事没有決定權的單調工作。個性開朗活潑，若在工作上無法獲得認可、失去人望會變得消沉。相反地，若能找到凸顯熱忱的工作才能充分地發揮實力。

選擇擔任創業者、司法書記、公認會計師、企業經營顧問、藝能相關業、模特兒、流行服飾業、廣告相關業、政治家、各種設計師、教師、媒體相關業等工作，必會鴻圖大展。

處女座（8月23日～9月22日）

具備敏銳觀察力與批判力的你，在需求理性與知識的研究、分析、調查等分野上能發揮實力。

你所適合的職業是要求精密度而非獨自的創意。即使是在基層工作，你正確無誤的工作態度必會受到上司或長上的賞識，獲得認可。

與其自創事業尋求冒險，不如假借他人所提供的活躍舞台，才能拓展你的個性。

適合的工作有秘書、會計等事務關係業、公務員、律師、評論家、研究員、編輯等出版相關業、護士、保健婦、醫師、企劃員、通譯等。

天秤座(9月23日~10月23日)

富有準確的判斷力、強烈責任感及均衡性格的你，是最理想的社會人。兼具協調性，在任何職場都能與人相處融洽。

不過，無法把工作視若營生手段的人，因而成功關鍵乃在找到能讓你燃起熱情積極投入的工作。絕對不要參與違背自己信念的工作。最好從事富有社會性意義的工作。因而適合從事藝術相關業、流行服飾業、設計師、教師、律師、企業經營顧問、通譯、導遊、空中小姐、服務業、社會福祉相關業、電話接線生等。

天蠍座(10月24日~11月22日)

徹底地投入、沉迷於感興趣的事物而最後獲得成功的人。好奇心強，且莫名地深受不解之謎所吸引的你，最好選擇調查、研究的工作。不過，應該鍛鍊表現自己的談話術與社交性，以避免過於內向。

與其帶頭領導他人，不如成爲輔佐役或與他人共同經營，較能發揮自己的才幹。

適職有醫師、藥劑師、科學家、推理作家、偵探、市場調查關係業、不動產業、觀光業、事業或政治相關的智囊團、秘書等。

射手座（11月23日～12月21日）

適合從事變化多端或競爭強烈、具有速度感的工作。不適合捆綁在辦公桌或人際關係中的職場。唯有在個性與靈感深獲重視的自由氣氛下才能發揮你的能力。具備在緊張狀態下處理工作的能力，因而縱然自由業也能活躍舞台。

也有人具備外語能力而從事國際性工作。若要彌補衝動而欠缺持續力的缺點，必須擁有彼此理解的工作伙伴。

外交官、通譯、旅行記者、旅遊顧問、運動選手、文字記者、插圖作家、翻譯家、外國文學相關業、出版或媒體相關業、法律專家等爲適職。

山羊座（12月22日～1月19日）

生性努力的你，可以鑽研某一行業而成爲專家。在研究的分野上或創造性的工作獲得成功。但通常是大器晚成型。一旦決定所要研究的項目後應該勇往前進。

由於心思細膩，在社會上經常受到傷害。適合鮮少受人干涉，能依自己的方式處理工作的職場。但你也應該警惕自己不要對他人過於嚴苛。

適合的工作是學者或研究家、律師、醫師、藥劑師、校正者、作家、公認會計師、古典相關的音樂家、雕刻家、設計相關業、電腦相關業、花道或茶道家、占卜師等。

水瓶座（1月20日～2月18日）

富有創意、獨創性及機靈性。富個性的你，處於發揮領導權的立場才能展現實力。講求實力、富有自由精神的職場，比人事安排注重先後秩序的職場更能活現你進步的構想。若要在公司的體制下服務，最好選擇較新或年輕人居多的公司。

你適合從事富有知性及創造性的工作或在教育、福祉的方面上貢獻己力。

AB型
雙魚座

適合的職業有教師、學者或研究家、社會福祉關係業、褓姆、顧問、律師、攝影師、流行服飾相關業、設計師、空中小姐、藝術或藝能相關業。

雙魚座（2月19日～3月20日）

具備藝術品味、直覺力、幻想力的你，最理想的是從事能發揮天生才華的工作。在文學、美術、音樂的才藝上也有可以從中獲得興趣與實質利益的人。生性體貼、善良的人，在教育方面會有好的發展。

耐性不足容易生厭的性格，並不適合從事單調的工作。而略帶神經質的性格也無法勉強做不適合自己的工作。你應該尋找能實現你的夢想、浪漫的工作。

朝插畫家、卡通製作者、設計師、畫家、童話作家、儀態指導家、舞蹈家、音樂家、影劇相關業、教師、護士、服務業、出版相關業等發展應能展現才華。

血型的神秘⑤　血型別人間百態

●天壤之別的金錢觀

抱持安全第一主義且小心謹慎的是A型。因而對金錢也慎重以待。即使渴望某件商品，也不立即購買。甚至有時出外購物卻無法下定決心，於是打消念頭空手而回。但三心兩意無法決定之後反而更加渴望獲得原本中意的商品，結果通常在不必要的地方浪費金錢。

不擅長擬定計劃儲蓄錢財。是屬於追求心靈滿足勝於錢財應用的人。

在錢財的應用上沒有比O型更懂得訣竅。在必要的時候慷慨解囊，即使有點損失也不引以爲意。O型人常爲他人花費巨額的錢財。如款待他人等，偶而也有金錢上的損失。但這些損失在事後可能獲得相當於二倍或三倍的回饋。

O型人具有卓越的商才，多數能自創事業而獲致成功。

O型特別在服務業會賺大錢。婚後夫婦一起出外工作而積蓄錢財。

Ｂ型人也有相當敏銳的金錢觀。對金錢抱持樂天的態度，當用則用而獲得利益時更加奮發圖強。具備具有緊緊守住錢包讓原有的財富增加爲二、三倍的才能。雖然花錢極爲瀟灑卻非浪費，在投資或賭博上顯見天份。Ｂ型的女性懂得掌管家務。藏私房錢也有一手，在緊要關頭値得倚賴的，就是Ｂ型人。

AB型對錢財帶有執著心，是所謂的「吝嗇」，因而除非萬不得已否則不會浪費金錢。對金錢有合理的觀念，比任何人更瞭解金錢的價値。看似兩袖清風事實上是存錢、經營不動產的天才。

AB型是運用自己的構想、技術賺錢的人。

這種類型的缺點是對丈夫或父母等至親也貫徹吝嗇精神。有時也會因金錢而造成爭吵。

●婚禮司儀和血型

目前的結婚典禮越來越豪華。但實際參與婚禮時會發現雖然花了大筆錢卻沒有令人感動的婚禮。相反地，有些婚禮雖然簡單樸素卻給人留下強烈印象。這完全取決於婚禮安排者或司儀的手腕。

以血型來分析婚禮的演出效果應

有不同的創意與構想。司儀應找何種血型，致詞者是那些血型，而證婚人又以何種血型爲恰當呢？

如果請求A型充當司儀格調雖然高雅卻過於拘泥形式，有時會因緊張而出現差錯。若要委任A型擔任司儀必須找經驗豐富的人。臨場經驗老道而口齒伶俐的人，必有一場令人感動的婚禮。

懂得掌握氣氛，有具有口才的是B型。不過本質上喜愛凸顯自己，有時會喧賓奪主而令人搞不清楚是爲了誰的婚禮。以爲平常在公司擅長舉辦宴會的餘興節目而請求B型人代作司儀，可能會有意想不到的失敗。但若是不拘泥形式的婚禮倒可委任B型充當司儀。

以日本名電視主持人而言，通常是B型人，如大橋巨泉等。但這些人的缺點是渴望標榜自己而有走調的危險。若能警惕這一點應有優秀的表現。

而在任何一方面都沒有問題的是O型。若曾有過在人前發表意見或談話經驗的人，通常都會扮好司儀的角色。也許進度拖拖拉拉而延誤時間，但只要將儀式進行的行程安排的緊湊，則萬事OK。同時不忘叮嚀他依照既定的行程來進行。O型不論是談吐方式或舉止態度都是令人產生好感的司儀，同時會顧慮新郎、新娘的家庭令其雙方都感到安心。

O型人擔任司儀絕不說令人不快的事，應對進退顯得溫和得體。

如果由二人組合擔任司儀時，最好央求O型和B型搭檔。

而最不適合擔任司儀的是AB型。因爲，AB型思慮過多顯得徬徨不定，使得整個儀式進行耗費時間而帶有沉悶的氣氛。也許婚禮會演變成奇妙而消沉的宴會。但若讓AB型以來賓的身份致詞，那語驚四座的讚美詞會令周遭人感動不已。所以，AB型與其擔任司儀，毋寧適合上台致詞或充當媒人。

●由血型可區分愛犬家

分析血型和對狗的嗜好是相當有趣的研究。

俗稱「狗和飼主性格類似」事實上愛犬家們也會依自己的性格選擇所飼養的狗。

A型選擇狗時會挑選安全且立即與人熟稔的狗。即使是雜種狗也偏愛性格溫馴的狗。喜愛聖伯納狗、秋田犬等體型巨大的狗。不愛飼養多量狗，只與單一的狗保持親密的關係是A

型。

O型的愛犬家只看其所飼養的狗，通常即一目瞭然。對狗極為細心關照，常為狗刷毛，彷彿自己的孩子一般對待，全心全力為狗兒付出。

對喜好斷然的行動，變化而平凡的事物無法獲得滿足的B型而言，小型的狗當然不是其最愛。一般會飼養巨大狗而且偏愛牧羊犬或巨大獵犬等顯得強悍的狗。

有時對一般人感到畏懼的狗感興趣。喜愛獵犬且喜歡與狗四處活動。對B型而言，狗與其說是寵物毋寧是同伴或競爭對手。

至於AB型喜愛狗的表現帶有現代的氣息，通常會變成別具特色的狗型人。而多數的狗型人會對一般人不太注意的狗感興趣。有些人對雜種狗特別鍾愛。對德伯曼（Dobermann）之類強悍的巨犬也感興趣。

AB型和狗的知遇也非常重視第一印象，對於乖巧靈敏的狗特別具帶有好感。

大展出版社有限公司　圖書目錄

地址：台北市北投區11204
致遠一路二段12巷1號
郵撥： 0166955～1
電話：(02) 8236031
8236033
傳眞：(02) 8272069

・法律專欄連載・電腦編號 58

台大法學院 法律學系／策劃
法律服務社／編著

①別讓您的權利睡著了[1]	200元
②別讓您的權利睡著了[2]	200元

・秘傳占卜系列・電腦編號 14

①手相術	淺野八郎著	150元
②人相術	淺野八郎著	150元
③西洋占星術	淺野八郎著	150元
④中國神奇占卜	淺野八郎著	150元
⑤夢判斷	淺野八郎著	150元
⑥前世、來世占卜	淺野八郎著	150元
⑦法國式血型學	淺野八郎著	150元
⑧靈感、符咒學	淺野八郎著	150元
⑨紙牌占卜學	淺野八郎著	150元
⑩ＥＳＰ超能力占卜	淺野八郎著	150元
⑪猶太數的秘術	淺野八郎著	150元
⑫新心理測驗	淺野八郎著	150元

・趣味心理講座・電腦編號 15

①性格測驗1	探索男與女	淺野八郎著	140元
②性格測驗2	透視人心奧秘	淺野八郎著	140元
③性格測驗3	發現陌生的自己	淺野八郎著	140元
④性格測驗4	發現你的真面目	淺野八郎著	140元
⑤性格測驗5	讓你們吃驚	淺野八郎著	140元
⑥性格測驗6	洞穿心理盲點	淺野八郎著	140元
⑦性格測驗7	探索對方心理	淺野八郎著	140元
⑧性格測驗8	由吃認識自己	淺野八郎著	140元
⑨性格測驗9	戀愛知多少	淺野八郎著	140元

⑩性格測驗10　由裝扮瞭解人心	淺野八郎著	140元
⑪性格測驗11　敲開內心玄機	淺野八郎著	140元
⑫性格測驗12　透視你的未來	淺野八郎著	140元
⑬血型與你的一生	淺野八郎著	140元
⑭趣味推理遊戲	淺野八郎著	140元

・婦 幼 天 地・電腦編號 16

①八萬人減肥成果	黃靜香譯	150元
②三分鐘減肥體操	楊鴻儒譯	150元
③窈窕淑女美髮秘訣	柯素娥譯	130元
④使妳更迷人	成　玉譯	130元
⑤女性的更年期	官舒妍編譯	130元
⑥胎內育兒法	李玉瓊編譯	120元
⑦早產兒袋鼠式護理	唐岱蘭譯	200元
⑧初次懷孕與生產	婦幼天地編譯組	180元
⑨初次育兒12個月	婦幼天地編譯組	180元
⑩斷乳食與幼兒食	婦幼天地編譯組	180元
⑪培養幼兒能力與性向	婦幼天地編譯組	180元
⑫培養幼兒創造力的玩具與遊戲	婦幼天地編譯組	180元
⑬幼兒的症狀與疾病	婦幼天地編譯組	180元
⑭腿部苗條健美法	婦幼天地編譯組	150元
⑮女性腰痛別忽視	婦幼天地編譯組	150元
⑯舒展身心體操術	李玉瓊編譯	130元
⑰三分鐘臉部體操	趙薇妮著	120元
⑱生動的笑容表情術	趙薇妮著	120元
⑲心曠神怡減肥法	川津祐介著	130元
⑳內衣使妳更美麗	陳玄茹譯	130元
㉑瑜伽美姿美容	黃靜香編著	150元
㉒高雅女性裝扮學	陳珮玲譯	180元
㉓蠶糞肌膚美顏法	坂梨秀子著	160元
㉔認識妳的身體	李玉瓊譯	160元
㉕產後恢復苗條體態	居理安・芙萊喬著	200元
㉖正確護髮美容法	山崎伊久江著	180元

・青 春 天 地・電腦編號 17

①A血型與星座	柯素娥編譯	120元
②B血型與星座	柯素娥編譯	120元
③O血型與星座	柯素娥編譯	120元
④AB血型與星座	柯素娥編譯	120元

⑤青春期性教室	呂貴嵐編譯	130元
⑥事半功倍讀書法	王毅希編譯	130元
⑦難解數學破題	宋釗宜編譯	130元
⑧速算解題技巧	宋釗宜編譯	130元
⑨小論文寫作秘訣	林顯茂編譯	120元
⑪中學生野外遊戲	熊谷康編著	120元
⑫恐怖極短篇	柯素娥編譯	130元
⑬恐怖夜話	小毛驢編譯	130元
⑭恐怖幽默短篇	小毛驢編譯	120元
⑮黑色幽默短篇	小毛驢編譯	120元
⑯靈異怪談	小毛驢編譯	130元
⑰錯覺遊戲	小毛驢編譯	130元
⑱整人遊戲	小毛驢編譯	120元
⑲有趣的超常識	柯素娥編譯	130元
⑳哦！原來如此	林慶旺編譯	130元
㉑趣味競賽100種	劉名揚編譯	120元
㉒數學謎題入門	宋釗宜編譯	150元
㉓數學謎題解析	宋釗宜編譯	150元
㉔透視男女心理	林慶旺編譯	120元
㉕少女情懷的自白	李桂蘭編譯	120元
㉖由兄弟姊妹看命運	李玉瓊編譯	130元
㉗趣味的科學魔術	林慶旺編譯	150元
㉘趣味的心理實驗室	李燕玲編譯	150元
㉙愛與性心理測驗	小毛驢編譯	130元
㉚刑案推理解謎	小毛驢編譯	130元
㉛偵探常識推理	小毛驢編譯	130元
㉜偵探常識解謎	小毛驢編譯	130元
㉝偵探推理遊戲	小毛驢編譯	130元
㉞趣味的超魔術	廖玉山編著	150元
㉟趣味的珍奇發明	柯素娥編著	150元

•健 康 天 地• 電腦編號18

①壓力的預防與治療	柯素娥編譯	130元
②超科學氣的魔力	柯素娥編譯	130元
③尿療法治病的神奇	中尾良一著	130元
④鐵證如山的尿療法奇蹟	廖玉山譯	120元
⑤一日斷食健康法	葉慈容編譯	120元
⑥胃部強健法	陳炳崑譯	120元
⑦癌症早期檢查法	廖松濤譯	130元
⑧老人痴呆症防止法	柯素娥編譯	130元

⑨松葉汁健康飲料	陳麗芬編譯	130元
⑩揉肚臍健康法	永井秋夫著	150元
⑪過勞死、猝死的預防	卓秀貞編譯	130元
⑫高血壓治療與飲食	藤山順豐著	150元
⑬老人看護指南	柯素娥編譯	150元
⑭美容外科淺談	楊啟宏著	150元
⑮美容外科新境界	楊啟宏著	150元
⑯鹽是天然的醫生	西英司郎著	140元
⑰年輕十歲不是夢	梁瑞麟譯	200元
⑱茶料理治百病	桑野和民著	180元
⑲綠茶治病寶典	桑野和民著	150元
⑳杜仲茶養顏減肥法	西田博著	150元
㉑蜂膠驚人療效	瀨長良三郎著	150元
㉒蜂膠治百病	瀨長良三郎著	150元
㉓醫藥與生活	鄭炳全著	160元
㉔鈣聖經	落合敏著	180元
㉕大蒜聖經	木下繁太郎著	160元

•實用女性學講座•電腦編號 19

①解讀女性內心世界	島田一男著	150元
②塑造成熟的女性	島田一男著	150元

•校 園 系 列•電腦編號 20

①讀書集中術	多湖輝著	150元
②應考的訣竅	多湖輝著	150元
③輕鬆讀書贏得聯考	多湖輝著	150元
④讀書記憶秘訣	多湖輝著	150元
⑤視力恢復！超速讀術	江錦雲譯	160元

•實用心理學講座•電腦編號 21

①拆穿欺騙伎倆	多湖輝著	140元
②創造好構想	多湖輝著	140元
③面對面心理術	多湖輝著	140元
④偽裝心理術	多湖輝著	140元
⑤透視人性弱點	多湖輝著	140元
⑥自我表現術	多湖輝著	150元
⑦不可思議的人性心理	多湖輝著	150元
⑧催眠術入門	多湖輝著	150元

⑨責罵部屬的藝術	多湖輝著	150元
⑩精神力	多湖輝著	150元
⑪厚黑說服術	多湖輝著	150元
⑫集中力	多湖輝著	150元
⑬構想力	多湖輝著	150元
⑭深層心理術	多湖輝著	160元
⑮深層語言術	多湖輝著	160元
⑯深層說服術	多湖輝著	180元

・超現實心理講座・電腦編號22

①超意識覺醒法	詹蔚芬編譯	130元
②護摩秘法與人生	劉名揚編譯	130元
③秘法！超級仙術入門	陸　明譯	150元
④給地球人的訊息	柯素娥編著	150元
⑤密教的神通力	劉名揚編著	130元
⑥神秘奇妙的世界	平川陽一著	180元

・養 生 保 健・電腦編號23

①醫療養生氣功	黃孝寬著	250元
②中國氣功圖譜	余功保著	230元
③少林醫療氣功精粹	井玉蘭著	250元
④龍形實用氣功	吳大才等著	220元
⑤魚戲增視強身氣功	宮　嬰著	220元
⑥嚴新氣功	前新培金著	250元
⑦道家玄牝氣功	張　章著	180元
⑧仙家秘傳袪病功	李遠國著	160元
⑨少林十大健身功	秦慶豐著	180元
⑩中國自控氣功	張明武著	220元

・社會人智囊・電腦編號24

①糾紛談判術	清水增三著	160元
②創造關鍵術	淺野八郎	150元
③觀人術	淺野八郎	180元

・精 選 系 列・電腦編號25

①毛澤東與鄧小平	渡邊利夫等著	280元

•心 靈 雅 集• 電腦編號00

①禪言佛語看人生	松濤弘道著	180元
②禪密教的奧秘	葉逯謙譯	120元
③觀音大法力	田口日勝著	120元
④觀音法力的大功德	田口日勝著	120元
⑤達摩禪106智慧	劉華亭編譯	150元
⑥有趣的佛教研究	葉逯謙編譯	120元
⑦夢的開運法	蕭京凌譯	130元
⑧禪學智慧	柯素娥編譯	130元
⑨女性佛教入門	許俐萍譯	110元
⑩佛像小百科	心靈雅集編譯組	130元
⑪佛教小百科趣談	心靈雅集編譯組	120元
⑫佛教小百科漫談	心靈雅集編譯組	150元
⑬佛教知識小百科	心靈雅集編譯組	150元
⑭佛學名言智慧	松濤弘道著	180元
⑮釋迦名言智慧	松濤弘道著	180元
⑯活人禪	平田精耕著	120元
⑰坐禪入門	柯素娥編譯	120元
⑱現代禪悟	柯素娥編譯	130元
⑲道元禪師語錄	心靈雅集編譯組	130元
⑳佛學經典指南	心靈雅集編譯組	130元
㉑何謂「生」　阿含經	心靈雅集編譯組	150元
㉒一切皆空　般若心經	心靈雅集編譯組	150元
㉓超越迷惘　法句經	心靈雅集編譯組	130元
㉔開拓宇宙觀　華嚴經	心靈雅集編譯組	130元
㉕真實之道　法華經	心靈雅集編譯組	130元
㉖自由自在　涅槃經	心靈雅集編譯組	130元
㉗沈默的教示　維摩經	心靈雅集編譯組	150元
㉘開通心眼　佛語佛戒	心靈雅集編譯組	130元
㉙揭秘寶庫　密教經典	心靈雅集編譯組	130元
㉚坐禪與養生	廖松濤譯	110元
㉛釋尊十戒	柯素娥編譯	120元
㉜佛法與神通	劉欣如編著	120元
㉝悟（正法眼藏的世界）	柯素娥編譯	120元
㉞只管打坐	劉欣如編譯	120元
㉟喬答摩・佛陀傳	劉欣如編著	120元
㊱唐玄奘留學記	劉欣如編譯	120元
㊲佛教的人生觀	劉欣如編譯	110元
㊳無門關（上卷）	心靈雅集編譯組	150元

㊴無門關（下卷）	心靈雅集編譯組	150元
㊵業的思想	劉欣如編著	130元
㊶佛法難學嗎	劉欣如著	140元
㊷佛法實用嗎	劉欣如著	140元
㊸佛法殊勝嗎	劉欣如著	140元
㊹因果報應法則	李常傳編	140元
㊺佛教醫學的奧秘	劉欣如編著	150元
㊻紅塵絕唱	海　若著	130元
㊼佛教生活風情	洪丕謨、姜玉珍著	220元
㊽行住坐臥有佛法	劉欣如著	160元
㊾起心動念是佛法	劉欣如著	160元

•經 營 管 理• 電腦編號 01

◎創新經營六十六大計（精）	蔡弘文編	780元
①如何獲取生意情報	蘇燕謀譯	110元
②經濟常識問答	蘇燕謀譯	130元
③股票致富68秘訣	簡文祥譯	100元
④台灣商戰風雲錄	陳中雄著	120元
⑤推銷大王秘錄	原一平著	100元
⑥新創意・賺大錢	王家成譯	90元
⑦工廠管理新手法	琪　輝著	120元
⑧奇蹟推銷術	蘇燕謀譯	100元
⑨經營參謀	柯順隆譯	120元
⑩美國實業24小時	柯順隆譯	80元
⑪撼動人心的推銷法	原一平著	150元
⑫高竿經營法	蔡弘文編	120元
⑬如何掌握顧客	柯順隆譯	150元
⑭一等一賺錢策略	蔡弘文編	120元
⑯成功經營妙方	鐘文訓著	120元
⑰一流的管理	蔡弘文編	150元
⑱外國人看中韓經濟	劉華亭譯	150元
⑲企業不良幹部群相	琪輝編著	120元
⑳突破商場人際學	林振輝編著	90元
㉑無中生有術	琪輝編著	140元
㉒如何使女人打開錢包	林振輝編著	100元
㉓操縱上司術	邑井操著	90元
㉔小公司經營策略	王嘉誠著	100元
㉕成功的會議技巧	鐘文訓編譯	100元
㉖新時代老闆學	黃柏松編著	100元
㉗如何創造商場智囊團	林振輝編譯	150元

㉘十分鐘推銷術	林振輝編譯	120元
㉙五分鐘育才	黃柏松編譯	100元
㉚成功商場戰術	陸明編譯	100元
㉛商場談話技巧	劉華亭編譯	120元
㉜企業帝王學	鐘文訓譯	90元
㉝自我經濟學	廖松濤編譯	100元
㉞一流的經營	陶田生編著	120元
㉟女性職員管理術	王昭國編譯	120元
㊱ＩＢＭ的人事管理	鐘文訓編譯	150元
㊲現代電腦常識	王昭國編譯	150元
㊳電腦管理的危機	鐘文訓編譯	120元
㊴如何發揮廣告效果	王昭國編譯	150元
㊵最新管理技巧	王昭國編譯	150元
㊶一流推銷術	廖松濤編譯	150元
㊷包裝與促銷技巧	王昭國編譯	130元
㊸企業王國指揮塔	松下幸之助著	120元
㊹企業精銳兵團	松下幸之助著	120元
㊺企業人事管理	松下幸之助著	100元
㊻華僑經商致富術	廖松濤編譯	130元
㊼豐田式銷售技巧	廖松濤編譯	120元
㊽如何掌握銷售技巧	王昭國編著	130元
㊿洞燭機先的經營	鐘文訓編譯	150元
52新世紀的服務業	鐘文訓編譯	100元
53成功的領導者	廖松濤編譯	120元
54女推銷員成功術	李玉瓊編譯	130元
55ＩＢＭ人才培育術	鐘文訓編譯	100元
56企業人自我突破法	黃琪輝編著	150元
58財富開發術	蔡弘文編著	130元
59成功的店舖設計	鐘文訓編著	150元
61企管回春法	蔡弘文編著	130元
62小企業經營指南	鐘文訓編譯	100元
63商場致勝名言	鐘文訓編譯	150元
64迎接商業新時代	廖松濤編譯	100元
66新手股票投資入門	何朝乾　編	180元
67上揚股與下跌股	何朝乾編譯	180元
68股票速成學	何朝乾編譯	180元
69理財與股票投資策略	黃俊豪編著	180元
70黃金投資策略	黃俊豪編著	180元
71厚黑管理學	廖松濤編譯	180元
72股市致勝格言	呂梅莎編譯	180元
73透視西武集團	林谷燁編譯	150元

⑯巡迴行銷術	陳蒼杰譯	150元
⑰推銷的魔術	王嘉誠譯	120元
⑱60秒指導部屬	周蓮芬編譯	150元
⑲精銳女推銷員特訓	李玉瓊編譯	130元
⑳企劃、提案、報告圖表的技巧	鄭　汶　譯	180元
㉑海外不動產投資	許達守編譯	150元
㉒八百件的世界策略	李玉瓊譯	150元
㉓服務業品質管理	吳宜芬譯	180元
㉔零庫存銷售	黃東謙編譯	150元
㉕三分鐘推銷管理	劉名揚編譯	150元
㉖推銷大王奮鬥史	原一平著	150元
㉗豐田汽車的生產管理	林谷燁編譯	150元

・成功寶庫・電腦編號 02

①上班族交際術	江森滋著	100元
②拍馬屁訣竅	廖玉山編譯	110元
④聽話的藝術	歐陽輝編譯	110元
⑨求職轉業成功術	陳　義編著	110元
⑩上班族禮儀	廖玉山編著	120元
⑪接近心理學	李玉瓊編著	100元
⑫創造自信的新人生	廖松濤編著	120元
⑭上班族如何出人頭地	廖松濤編著	100元
⑮神奇瞬間瞑想法	廖松濤編譯	100元
⑯人生成功之鑰	楊意苓編著	150元
⑱潛在心理術	多湖輝　著	100元
⑲給企業人的諍言	鐘文訓編著	120元
⑳企業家自律訓練法	陳　義編譯	100元
㉑上班族妖怪學	廖松濤編著	100元
㉒猶太人縱橫世界的奇蹟	孟佑政編著	110元
㉓訪問推銷術	黃静香編著	130元
㉕你是上班族中強者	嚴思圖編著	100元
㉖向失敗挑戰	黃静香編著	100元
㉙機智應對術	李玉瓊編著	130元
㉚成功頓悟100則	蕭京凌編譯	130元
㉛掌握好運100則	蕭京凌編譯	110元
㉜知性幽默	李玉瓊編譯	130元
㉝熟記對方絕招	黃静香編譯	100元
㉞男性成功秘訣	陳蒼杰編譯	130元
㊱業務員成功秘方	李玉瓊編著	120元
㊲察言觀色的技巧	劉華亭編著	130元

㊳一流領導力	施義彥編譯	120元
㊴一流說服力	李玉瓊編著	130元
㊵30秒鐘推銷術	廖松濤編譯	150元
㊶猶太成功商法	周蓮芬編譯	120元
㊷尖端時代行銷策略	陳蒼杰編著	100元
㊸顧客管理學	廖松濤編著	100元
㊹如何使對方說Yes	程　羲編著	150元
㊺如何提高工作效率	劉華亭編著	150元
㊼上班族口才學	楊鴻儒譯	120元
㊽上班族新鮮人須知	程　羲編著	120元
㊾如何左右逢源	程　羲編著	130元
㊿語言的心理戰	多湖輝著	130元
(51)扣人心弦演說術	劉名揚編著	120元
(53)如何增進記憶力、集中力	廖松濤譯	130元
(55)性惡企業管理學	陳蒼杰譯	130元
(56)自我啟發200招	楊鴻儒編著	150元
(57)做個傑出女職員	劉名揚編著	130元
(58)靈活的集團營運術	楊鴻儒編著	120元
(60)個案研究活用法	楊鴻儒編著	130元
(61)企業教育訓練遊戲	楊鴻儒編著	120元
(62)管理者的智慧	程　義編譯	130元
(63)做個佼佼管理者	馬筱莉編譯	130元
(64)智慧型說話技巧	沈永嘉編譯	130元
(66)活用佛學於經營	松濤弘道著	150元
(67)活用禪學於企業	柯素娥編譯	130元
(68)詭辯的智慧	沈永嘉編譯	150元
(69)幽默詭辯術	廖玉山編譯	150元
(70)拿破崙智慧箴言	柯素娥編譯	130元
(71)自我培育·超越	蕭京凌編譯	150元
(73)深層語言術	多湖輝著	130元
(74)時間即一切	沈永嘉編譯	130元
(75)自我脫胎換骨	柯素娥譯	150元
(76)贏在起跑點—人才培育鐵則	楊鴻儒編譯	150元
(77)做一枚活棋	李玉瓊編譯	130元
(78)面試成功戰略	柯素娥編譯	130元
(79)自我介紹與社交禮儀	柯素娥編譯	150元
(80)說NO的技巧	廖玉山編譯	130元
(81)瞬間攻破心防法	廖玉山編譯	120元
(82)改變一生的名言	李玉瓊編譯	130元
(83)性格性向創前程	楊鴻儒編譯	130元
(84)訪問行銷新竅門	廖玉山編譯	150元

㊽無所不達的推銷話術	李玉瓊編譯	150元

・處世智慧・電腦編號 03

①如何改變你自己	陸明編譯	120元
②人性心理陷阱	多湖輝著	90元
④幽默說話術	林振輝編譯	120元
⑤讀書36計	黃柏松編譯	120元
⑥靈感成功術	譚繼山編譯	80元
⑧扭轉一生的五分鐘	黃柏松編譯	100元
⑨知人、知面、知其心	林振輝譯	110元
⑩現代人的詭計	林振輝譯	100元
⑫如何利用你的時間	蘇遠謀譯	80元
⑬口才必勝術	黃柏松編譯	120元
⑭女性的智慧	譚繼山編譯	90元
⑮如何突破孤獨	張文志編譯	80元
⑯人生的體驗	陸明編譯	80元
⑰微笑社交術	張芳明譯	90元
⑱幽默吹牛術	金子登著	90元
⑲攻心說服術	多湖輝著	100元
⑳當機立斷	陸明編譯	70元
㉑勝利者的戰略	宋恩臨編譯	80元
㉒如何交朋友	安紀芳編著	70元
㉓鬥智奇謀（諸葛孔明兵法）	陳炳崑著	70元
㉔慧心良言	亦　奇著	80元
㉕名家慧語	蔡逸鴻主編	90元
㉗稱霸者啟示金言	黃柏松編譯	90元
㉘如何發揮你的潛能	陸明編譯	90元
㉙女人身態語言學	李常傳譯	130元
㉚摸透女人心	張文志譯	90元
㉛現代戀愛秘訣	王家成譯	70元
㉜給女人的悄悄話	妮倩編譯	90元
㉞如何開拓快樂人生	陸明編譯	90元
㉟驚人時間活用法	鐘文訓譯	80元
㊱成功的捷徑	鐘文訓譯	70元
㊲幽默逗笑術	林振輝著	120元
㊳活用血型讀書法	陳炳崑譯	80元
㊴心　燈	葉于模著	100元
㊵當心受騙	林顯茂譯	90元
㊶心・體・命運	蘇燕謀譯	70元
㊷如何使頭腦更敏銳	陸明編譯	70元

㊸宮本武藏五輪書金言錄	宮本武藏著	100元
㊺勇者的智慧	黃柏松編譯	80元
㊼成熟的愛	林振輝譯	120元
㊽現代女性駕馭術	蔡德華著	90元
㊾禁忌遊戲	酒井潔著	90元
52摸透男人心	劉華亭編譯	80元
53如何達成願望	謝世輝著	90元
54創造奇蹟的「想念法」	謝世輝著	90元
55創造成功奇蹟	謝世輝著	90元
56男女幽默趣典	劉華亭譯	90元
57幻想與成功	廖松濤譯	80元
58反派角色的啟示	廖松濤編譯	70元
59現代女性須知	劉華亭編著	75元
61機智說話術	劉華亭編譯	100元
62如何突破內向	姜倩怡編譯	110元
64讀心術入門	王家成編譯	100元
65如何解除內心壓力	林美羽編著	110元
66取信於人的技巧	多湖輝著	110元
67如何培養堅強的自我	林美羽編著	90元
68自我能力的開拓	卓一凡編著	110元
70縱橫交涉術	嚴思圖編著	90元
71如何培養妳的魅力	劉文珊編著	90元
72魅力的力量	姜倩怡編著	90元
73金錢心理學	多湖輝著	100元
74語言的圈套	多湖輝著	110元
75個性膽怯者的成功術	廖松濤編譯	100元
76人性的光輝	文可式編著	90元
78驚人的速讀術	鐘文訓編譯	90元
79培養靈敏頭腦秘訣	廖玉山編著	90元
80夜晚心理術	鄭秀美編譯	80元
81如何做個成熟的女性	李玉瓊編著	80元
82現代女性成功術	劉文珊編著	90元
83成功說話技巧	梁惠珠編譯	100元
84人生的真諦	鐘文訓編譯	100元
85妳是人見人愛的女孩	廖松濤編著	120元
87指尖・頭腦體操	蕭京凌編譯	90元
88電話應對禮儀	蕭京凌編著	120元
89自我表現的威力	廖松濤編譯	100元
90名人名語啟示錄	喬家楓編著	100元
91男與女的哲思	程鐘梅編譯	110元
92靈思慧語	牧　風著	110元

⑨³心靈夜語	牧　風著	100元
⑨⁴激盪腦力訓練	廖松濤編譯	100元
⑨⁵三分鐘頭腦活性法	廖玉山編譯	110元
⑨⁶星期一的智慧	廖玉山編譯	100元
⑨⁷溝通說服術	賴文琇編譯	100元
⑨⁸超速讀超記憶法	廖松濤編譯	120元

•健康與美容•電腦編號04

①B型肝炎預防與治療	曾慧琪譯	130元
③媚酒傳（中國王朝秘酒）	陸明主編	120元
④藥酒與健康果菜汁	成玉主編	150元
⑤中國回春健康術	蔡一藩著	100元
⑥奇蹟的斷食療法	蘇燕謀譯	110元
⑧健美食物法	陳炳崑譯	120元
⑨驚異的漢方療法	唐龍編著	90元
⑩不老強精食	唐龍編著	100元
⑪經脈美容法	月乃桂子著	90元
⑫五分鐘跳繩健身法	蘇明達譯	100元
⑬睡眠健康法	王家成譯	80元
⑭你就是名醫	張芳明譯	90元
⑮如何保護你的眼睛	蘇燕謀譯	70元
⑯自我指壓術	今井義睛著	120元
⑰室內身體鍛鍊法	陳炳崑譯	100元
⑲釋迦長壽健康法	譚繼山譯	90元
⑳腳部按摩健康法	譚繼山譯	120元
㉑自律健康法	蘇明達譯	90元
㉓身心保健座右銘	張仁福著	160元
㉔腦中風家庭看護與運動治療	林振輝譯	100元
㉕秘傳醫學人相術	成玉主編	120元
㉖導引術入門⑴治療慢性病	成玉主編	110元
㉗導引術入門⑵健康•美容	成玉主編	110元
㉘導引術入門⑶身心健康法	成玉主編	110元
㉙妙用靈藥•蘆薈	李常傳譯	150元
㉚萬病回春百科	吳通華著	150元
㉛初次懷孕的10個月	成玉編譯	130元
㉜中國秘傳氣功治百病	陳炳崑編譯	130元
㉞仙人成仙術	陸明編譯	100元
㉟仙人長生不老學	陸明編譯	100元
㊱釋迦秘傳米粒刺激法	鐘文訓譯	120元
㊲痔•治療與預防	陸明編譯	130元

㊳自我防身絕技	陳炳崑編譯	120元
㊴運動不足時疲勞消除法	廖松濤譯	110元
㊵三溫暖健康法	鐘文訓編譯	90元
㊷維他命C新效果	鐘文訓譯	90元
㊸維他命與健康	鐘文訓譯	150元
㊺森林浴—綠的健康法	劉華亭編譯	80元
㊼導引術入門⑷酒浴健康法	成玉主編	90元
㊽導引術入門⑸不老回春法	成玉主編	90元
㊾山白竹（劍竹）健康法	鐘文訓譯	90元
㊿解救你的心臟	鐘文訓編譯	100元
⑤①牙齒保健法	廖玉山譯	90元
⑤②超人氣功法	陸明編譯	110元
⑤③超能力秘密開發法	廖松濤譯	80元
⑤④借力的奇蹟⑴	力拔山著	100元
⑤⑤借力的奇蹟⑵	力拔山著	100元
⑤⑥五分鐘小睡健康法	呂添發撰	120元
⑤⑦禿髮、白髮預防與治療	陳炳崑撰	120元
⑤⑧吃出健康藥膳	劉大器著	100元
⑤⑨艾草健康法	張汝明編譯	90元
⑥⓪一分鐘健康診斷	蕭京凌編譯	90元
⑥①念術入門	黃靜香編譯	90元
⑥②念術健康法	黃靜香編譯	90元
⑥③健身回春法	梁惠珠編譯	100元
⑥④姿勢養生法	黃秀娟編譯	90元
⑥⑤仙人瞑想法	鐘文訓譯	120元
⑥⑥人蔘的神效	林慶旺譯	100元
⑥⑦奇穴治百病	吳通華著	120元
⑥⑧中國傳統健康法	靳海東著	100元
⑥⑨下半身減肥法	納他夏・史達賓著	110元
⑦⓪使妳的肌膚更亮麗	楊　皓編譯	100元
⑦①酵素健康法	楊　皓編譯	120元
⑦③腰痛預防與治療	五味雅吉著	100元
⑦④如何預防心臟病・腦中風	譚定長等著	100元
⑦⑤少女的生理秘密	蕭京凌譯	120元
⑦⑥頭部按摩與針灸	楊鴻儒譯	100元
⑦⑦雙極療術入門	林聖道著	100元
⑦⑧氣功自療法	梁景蓮著	120元
⑦⑨大蒜健康法	李玉瓊編譯	100元
⑧⓪紅蘿蔔汁斷食療法	李玉瓊譯	120元
⑧①健胸美容秘訣	黃靜香譯	100元
⑧②鍺奇蹟療效	林宏儒譯	120元

⑧③三分鐘健身運動	廖玉山譯	120元
⑧④尿療法的奇蹟	廖玉山譯	120元
⑧⑤神奇的聚積療法	廖玉山譯	120元
⑧⑥預防運動傷害伸展體操	楊鴻儒編譯	120元
⑧⑦糖尿病預防與治療	石莉涓譯	150元
⑧⑧五日就能改變你	柯素娥譯	110元
⑧⑨三分鐘氣功健康法	陳美華譯	120元
⑨⓪痛風劇痛消除法	余昇凌譯	120元
⑨①道家氣功術	早島正雄著	130元
⑨②氣功減肥術	早島正雄著	120元
⑨③超能力氣功法	柯素娥譯	130元
⑨④氣的瞑想法	早島正雄著	120元

・家庭／生活・電腦編號 05

①單身女郎生活經驗談	廖玉山編著	100元
②血型・人際關係	黃靜編著	120元
③血型・妻子	黃靜編著	110元
④血型・丈夫	廖玉山編譯	130元
⑤血型・升學考試	沈永嘉編譯	120元
⑥血型・臉型・愛情	鐘文訓編譯	120元
⑦現代社交須知	廖松濤編譯	100元
⑧簡易家庭按摩	鐘文訓編譯	150元
⑨圖解家庭看護	廖玉山編譯	120元
⑩生男育女隨心所欲	岡正基編著	120元
⑪家庭急救治療法	鐘文訓編著	100元
⑫新孕婦體操	林曉鐘譯	120元
⑬從食物改變個性	廖玉山編譯	100元
⑭藥草的自然療法	東城百合子著	200元
⑮糙米菜食與健康料理	東城百合子著	180元
⑯現代人的婚姻危機	黃　靜編著	90元
⑰親子遊戲　０歲	林慶旺編譯	100元
⑱親子遊戲　１～２歲	林慶旺編譯	110元
⑲親子遊戲　３歲	林慶旺編譯	100元
⑳女性醫學新知	林曉鐘編譯	130元
㉑媽媽與嬰兒	張汝明編譯	150元
㉒生活智慧百科	黃　靜編譯	100元
㉓手相・健康・你	林曉鐘編譯	120元
㉔菜食與健康	張汝明編譯	110元
㉕家庭素食料理	陳東達著	140元
㉖性能力活用秘法	米開・尼里著	150元

㉗兩性之間	林慶旺編譯	120元
㉘性感經穴健康法	蕭京凌編譯	110元
㉙幼兒推拿健康法	蕭京凌編譯	100元
㉚談中國料理	丁秀山編著	100元
㉛舌技入門	增田豐　著	130元
㉜預防癌症的飲食法	黃靜香編譯	150元
㉝性與健康寶典	黃靜香編譯	180元
㉞正確避孕法	蕭京凌編譯	130元
㉟吃的更漂亮美容食譜	楊萬里著	120元
㊱圖解交際舞速成	鐘文訓編譯	150元
㊲觀相導引術	沈永嘉譯	130元
㊳初為人母12個月	陳義譯	130元
㊴圖解麻將入門	顧安行編譯	130元
㊵麻將必勝秘訣	石利夫編譯	130元
㊶女性一生與漢方	蕭京凌編譯	100元
㊷家電的使用與修護	鐘文訓編譯	130元
㊸錯誤的家庭醫療法	鐘文訓編譯	100元
㊹簡易防身術	陳慧珍編譯	130元
㊺茶健康法	鐘文訓編譯	130元
㊻雞尾酒大全	劉雪卿譯	180元
㊼生活的藝術	沈永嘉編著	120元
㊽雜草雜果健康法	沈永嘉編著	120元
㊾如何選擇理想妻子	荒谷慈著	110元
㊿如何選擇理想丈夫	荒谷慈著	110元
51中國食與性的智慧	根本光人著	150元
52開運法話	陳宏男譯	100元
53禪語經典＜上＞	平田精耕著	150元
54禪語經典＜下＞	平田精耕著	150元
55手掌按摩健康法	鐘文訓譯	150元
56脚底按摩健康法	鐘文訓譯	150元
57仙道運氣健身法	高藤聰一郎著	150元
58健心、健體呼吸法	蕭京凌譯	120元
59自彊術入門	蕭京凌譯	120元
60指技入門	增田豐著	130元
61下半身鍛鍊法	增田豐著	180元
62表象式學舞法	黃靜香編譯	180元
63圖解家庭瑜伽	鐘文訓譯	130元
64食物治療寶典	黃靜香編譯	130元
65智障兒保育入門	楊鴻儒譯	130元
66自閉兒童指導入門	楊鴻儒譯	150元
67乳癌發現與治療	黃靜香譯	130元

⑱盆栽培養與欣賞	廖啟新編譯	150元
⑲世界手語入門	蕭京凌編譯	150元
⑳賽馬必勝法	李錦雀編譯	200元
㉑中藥健康粥	蕭京凌編譯	120元
㉒健康食品指南	劉文珊編譯	130元
㉓健康長壽飲食法	鐘文訓編譯	150元
㉔夜生活規則	增田豐著	120元
㉕自製家庭食品	鐘文訓編譯	200元
㉖仙道帝王招財術	廖玉山譯	130元
㉗「氣」的蓄財術	劉名揚譯	130元
㉘佛教健康法入門	劉名揚譯	130元
㉙男女健康醫學	郭汝蘭譯	150元
㉚成功的果樹培育法	張煌編譯	130元
㉛實用家庭菜園	孔翔儀編譯	130元
㉜氣與中國飲食法	柯素娥編譯	130元
㉝世界生活趣譚	林其英著	160元
㉞胎教二八〇天	鄭淑美譯	180元
㉟酒自己動手釀	柯素娥編著	160元
㊱自己動「手」健康法	手嶋曻著	150元

・命理與預言・電腦編號 06

①星座算命術	張文志譯	120元
③圖解命運學	陸明編著	100元
④中國秘傳面相術	陳炳崑編著	110元
⑤輪迴法則（生命轉生的秘密）	五島勉著	80元
⑥命名彙典	水雲居士編著	100元
⑦簡明紫微斗術命運學	唐龍編著	130元
⑧住宅風水吉凶判斷法	琪輝編譯	120元
⑨鬼谷算命秘術	鬼谷子著	150元
⑫簡明四柱推命學	李常傳編譯	150元
⑭十二支命相學	王家成譯	80元
⑮啟示錄中的世界末日	蘇燕謀編譯	80元
⑯簡明易占學	黃小娥著	100元
⑰指紋算命學	邱夢蕾譯	90元
⑱樸克牌占卜入門	王家成譯	100元
⑲Ａ血型與十二生肖	鄒雲英編譯	90元
⑳Ｂ血型與十二生肖	鄒雲英編譯	90元
㉑Ｏ血型與十二生肖	鄒雲英編譯	100元
㉒ＡＢ血型與十二生肖	鄒雲英編譯	90元
㉓筆跡占卜學	周子敬著	120元

㉔神秘消失的人類	林達中譯	80元
㉕世界之謎與怪談	陳炳崑譯	80元
㉖符咒術入門	柳玉山人編	150元
㉗神奇的白符咒	柳玉山人編	160元
㉘神奇的紫符咒	柳玉山人編	120元
㉙秘咒魔法開運術	吳慧鈴編譯	180元
㉚中國式面相學入門	蕭京凌編著	90元
㉛改變命運的手相術	鐘文訓編著	120元
㉜黃帝手相占術	鮑黎明著	130元
㉝惡魔的咒法	杜美芳譯	150元
㉞脚相開運術	王瑞禎譯	130元
㉟面相開運術	許麗玲譯	150元
㊱房屋風水與運勢	邱震睿編譯	160元
㊲商店風水與運勢	邱震睿編譯	130元
㊳諸葛流天文遁甲	巫立華譯	150元
㊴聖帝五龍占術	廖玉山譯	180元
㊵萬能神算	張助馨編著	120元
㊶神祕的前世占卜	劉名揚譯	150元
㊷諸葛流奇門遁甲	巫立華譯	150元
㊸諸葛流四柱推命	巫立華譯	180元

•教養特輯•電腦編號 07

①管教子女絕招	多湖輝著	70元
⑤如何教育幼兒	林振輝譯	80元
⑥看圖學英文	陳炳崑編著	90元
⑦關心孩子的眼睛	陸明編	70元
⑧如何生育優秀下一代	邱夢蕾編著	100元
⑨父母如何與子女相處	安紀芳編譯	80元
⑩現代育兒指南	劉華亭編譯	90元
⑫如何培養自立的下一代	黃靜香編譯	80元
⑬使用雙手增強腦力	沈永嘉編譯	70元
⑭教養孩子的母親暗示法	多湖輝著	90元
⑮奇蹟教養法	鐘文訓編譯	90元
⑯慈父嚴母的時代	多湖輝著	90元
⑰如何發現問題兒童的才智	林慶旺譯	100元
⑱再見！夜尿症	黃靜香編譯	90元
⑲育兒新智慧	黃靜編譯	90元
⑳長子培育術	劉華亭編譯	80元
㉑親子運動遊戲	蕭京凌編譯	90元
㉒一分鐘刺激會話法	鐘文訓編著	90元

國立中央圖書館出版品預行編目資料

法國式血型學／淺野八郎著；李玉瓊譯
--- 初版 --- 臺北市；大展．民84
面；　公分．--（秘傳占卜系列；7）
譯自：フランス式血液型診斷
ISBN　957-557-502-4（平裝）

1. 血型

293.6　　84001560

本書原名：フランス式血液型診斷
著　　者：淺野八郎

原發行所：ワニ文庫
仲介代理：京王文化事業有限公司

ISBN 957-557-502-4

法國式血型學

原著者／淺野八郎
編譯者／李 玉 瓊
發行人／蔡 森 明
出版者／大展出版社有限公司
社　址／台北市北投區（石牌）
　　　　致遠一路二段12巷1號
電　話／(02) 8236031・8236033
傳　眞／(02) 8272069
郵政劃撥／0166955－1
登記證／局版臺業字第2171號
承印者／國順圖書印刷公司
裝　訂／嶸興裝訂有限公司
排版者／千賓電腦打字有限公司
電　話／（02）8836052
初　版／1995年（民84年）3月
定　價／150元

大展好書 好書大展

大展好書 好書大展